Ev
Balinese

Everyday Balinese

Your Guide to Speaking Balinese Quickly and Effortlessly in a Few Hours

I Gusti Made Sutjaja

TUTTLE PUBLISHING
Tokyo • Rutland, Vermont • Singapore

Published by Tuttle Publishing, an imprint of Periplus Editions (HK) Ltd., with editorial offices at 364 Innovation Drive, North Clarendon, Vermont 05759 U.S.A.

LCC Card No. 2009926236

ISBN 978-0-8048-4045-3

Distributed by

Indonesia
PT Java Books Indonesia
Kawasan Industri Pulogadung
Jl. Rawa Gelam IV No.9, Jakarta 13930
Tel: (62 21) 4682 1088; Fax: (62 21) 461 0207
cs@javabooks.co.id

Asia Pacific
Berkeley Books Pte. Ltd.
61 Tai Seng Avenue #02-12 Singapore 534167
Tel: (65) 6280-1330; Fax: (65) 6280-6290
inquiries@periplus.com.sg
www.periplus.com

North America, Latin America & Europe
Tuttle Publishing
364 Innovation Drive
North Clarendon, VT 05759-9436 U.S.A.
Tel: 1 (802) 773-8930; Fax: 1 (802) 773-6993
info@tuttlepublishing.com
www.tuttlepublishing.com

First edition

09 10 11 12 13   6 5 4 3 2 1

Cover photo © Eric Oey

Printed in Singapore

TUTTLE PUBLISHING® is a registered trademark of
Tuttle Publishing, a division of Periplus Editions (HK) Ltd.

Contents

Preface

The Balinese language is the native language used by approximately 3 million people on the island of Bali. It is part of the Austronesian family of languages, with much contribution from Sanskrit, Parsi, Tamil as well as Dutch and Portuguese sources. However it is a unique language with its own pronunciation system and two levels of social distinction, each with its own set of parallel vocabulary that reflect the status of the speaker and that of the person spoken to. The two levels are referred to as common (*lumrah*) Balinese—used by the ordinary people in the streets—and refined (*alus*) Balinese, which is used by persons of a higher status or caste such as priests.

Everyday Balinese is targeted at anyone who wishes to learn to speak colloquial Balinese. There are 23 lessons in the book, each with a dialogue that centers around the Balinese daily life. The dialogue is presented twice: The first version representing the *lumrah* or common Balinese; the second the *alus* or refined Balinese. Both versions are exactly the same grammatically; the difference lies in the word choice. *Lumrah* or common words are used by participants of equal social status in a conversation, and it reflects intimacy and informality among the users. *Alus* or refined words are associated with distancing and formality among users in a conversation.

Each lesson contains a section on the grammar and word function, as well as a list of words in both their *lumrah* and *alus* forms, followed by their Indonesian and English equivalents. Each lesson ends with a section on sentence construction—how to use the structures taught to make simple sentences.

The book has a pronunciation guide at the front, and a section on greetings, ordinal numbers and a handy dictionary at the end. The dictionary is arranged alphabetically by Balinese, followed by their Indonesian and English equivalents.

The writer of this book welcomes criticisms and suggestions for future improvement.

I Gusti Made Sutjaja

Pronunciation Guide

The following lists show the approximate pronunciation of the vowels and consonants in the Balinese language.

Vowels	Balinese	Indonesian	English
a	**ati**	*ada*	as in father
i	**idih**	*ini*	as in party
u	**ubuh**	*ubi*	as in soon
é	**éka**	*enak*	as in bet
o	**olol**	*obat*	as in pot
e	**eda**	*enam*	as in about

Consonants	Balinese	Indonesian	English
h	**sahsah**	*paham*	as in house
n	**nasi**	*nanti*	as in none
c	**cicing**	*cantik*	as in chance
r	**raré**	*parit*	as in road
k	**kuluk**	*kaki*	as in peak
d	**dadong**	*dada*	as in deed
t	**titi**	*tongkat*	as in stick
s	**suling**	*suka*	as in son
w	**wai**	*waktu*	as in way
l	**lali**	*laku*	as in lamp
m	**mua**	*malam*	as in moon
g	**gisi**	*gila*	as in gear
b	**basang**	*bawa*	as in beer
ng	**pasang**	*giwang*	as in king
p	**paling**	*pulang*	as in spin
j	**jajar**	*jajan*	as in jam
y	**wayang**	*bayam*	as in yam
ny	**nyonyo**	*nyanyi*	as in banyan

Who are you?

A) Common Speech Dialogue

Dadi tiang matakon?

Bolehkah saya bertanya?
May I ask a question?

Dadi.

Boleh.
You may.

Désa apa ené?

Desa apakah ini?
What's the name of this village?

Ené Patemon. Uli dija jeroné?

Ini Patemon. Dari manakah Anda?
This is Patemon. Where are you from?

Tiang uli Ottawa di Kanada.

Saya dari Ottawa di Kanada.
I'm from Ottawa in Canada.

Dija nongos dini?

Di manakah Anda tinggal di sini?
Where do you stay here?

Tiang nongos di Denpasar, sig timpal tiangé.

Saya tinggal di Denpasar, di teman saya.
I am staying at my friend's house in Denpasar.

Dadi tawang adané?

Bisa saya tahu nama Anda?
May I know your name?

Adan tiangé Johny. Jeroné nyén?	*Nama saya Johny. Anda siapa?* My name's Johny. What's yours?
Adan tiangé Polos. Tiang dadi guru.	*Nama saya Polos. Saya adalah guru.* My name's Polos. I'm a teacher.
Tiang dadi mahasiswa.	*Saya adalah seorang mahasiswa.* I'm a university student.
Lakar kija?	*Mau ke manakah Anda?* Where are you going?
Tiang melali-lali.	*Saya main-main.* I'm just traveling and seeing places.

Vocabulary
A) List of Common Speech *(Lumrah)* Forms

Common *(Lumrah)*	Refined *(Alus)*	Indonesian	English
adan	parab	*nama*	name
apa	napi	*apa*	what
cang, icang	tiang, titiang	*aku, saya*	I, me
dadi	dados	*menjadi*	to be, to become
dadi	dados	*boleh*	may
désa	désa	*desa*	village
ené	niki	*ini*	this, these
guru	guru	*guru*	teacher
jero	jero	*Anda*	you
kija	kija	*ke mana*	where
lakar	jaga	*akan*	shall, will
matakon	matakén	*bertanya*	to ask

Common (Lumrah)	Refined (Alus)	Indonesian	English
melali-lali	malelancaran	*tamasya*	to sightsee
nongos	meneng	*tinggal*	to stay, to live
nyén	sira	*siapa*	who
sig	ring	*di*	at, in
tawang	uning	*tahu*	to know
timpal	suwitra	*teman*	friend
uli	saking	*dari*	from

Sentence Construction Pattern

Questions

dadi	+	Pronoun	+	Verb
Dadi		**tiang**		**matakon?**
may		I		to question

→ May I ask a question?

dadi	+	Verb	+	Noun
Dadi		**tawang**		**adan-é?**
may		know		name the

→ May I know your name?

lakar	+	wh-Question
Lakar		**kija?**
will		where

→ Where will you go?

Preposition	+	wh-Question	+	Pronoun
Uli		**dija**		**jero-né?**
from		where		you

→ Where are you from?

Pronoun	+	Preposition	+	wh-Question
Jero-né		**uli**		**dija?**
you		from		where

→ Where are you from?

Pronoun	+	wh-Question
Jero-né		**nyén?**
you		who

→ Who are you?

Statements

Pronoun	+	Verb
Tiang		**melali-lali**
I		travel

→ I'm traveling.

Pronoun	+	Verb	+	Object
Tiang		**dadi**		**guru.**
I		to become		teacher

→ I'm a teacher.

Tiang		**dadi**		**mahasiswa.**
I		to become		student

→ I'm a student.

Pronoun	+	Verb	+	Place
Tiang		**nongos**		**di Denpasar.**
I		to live		in Denpasar

→ I live in Denpasar.

Pronoun	+	Preposition	+	Place
Tiang		**uli**		**Ottawa di Kanada**
I		from		Ottawa in Canada

→ I'm from Ottawa, Canada.

ené	+	Place
Ené		**Patemon**
this		Patemon
→ This is Patemon.		

Noun	+	Pronoun	+	Name
Adan		**tiang-é**		**Polos**
name		I		Polos
→ My name is Polos.				
Adan		**tiang-é**		**Johny**
name		I		Johny
→ My name is Johny.				

Notes

The word **dadi** or **dados** serves as a verb when it is followed by a noun, e.g. **dadi guru** "become/is a teacher." It also serves as an auxiliary verb when it is followed by a verb, e.g. **Dadi tawang [adanné]?** or **Dados uning-in [parabé]?** "May I know your name?" The pronoun for the one who is asking the question is implied.

The suffix **é** indicates the notion of definiteness, and is equivalent to "the" in English; whereas the suffix **né** indicates the notion of possession [though sometimes it can also imply the notion of definiteness].

When a word fills both the *lumrah*/Common and *alus*/Refined rows, it can be considered as "Generic," e.g. **désa** "village," **guru** "teacher."

The term Sentence Construction Pattern is applied to grammatical constructions (phrases and words) related to the language in use.

The different "patterns" of sentences given are expected to become the foundation for making more new sentences based on the wordlist in each lesson. The terminology applied is also very eclectic in nature.

B) Refined Speech Dialogue

Dados tiang matakén?	*Bolehkah saya bertanya?* May I ask a question?
Dados.	*Boleh.* You may.
Désa napi niki?	*Desa apakah ini?* What's the name of this village?
Niki Patemon. Saking napi jeroné?	*Ini Patemon. Dari manakah Anda?* This is Patemon. Where are you from?
Tiang saking Ottawa ring Kanada.	*Saya dari Ottawa di Kanada.* I'm from Ottawa in Canada.
Ring dija meneng driki?	*Di manakah Anda tinggal di sini?* Where do you stay here?
Tiang meneng ring Denpasar, ring genah suwitran tiangé.	*Saya tinggal di Denpasar, di rumah teman saya.* I am staying at my friend's house in Denpasar.
Dados uningin parabé?	*Bisa saya tahu nama Anda?* May I know your name?
Parab tiangé Johny. Sira parab jeroné?	*Nama saya Johny. Anda siapa?* My name's Johny. What's yours?
Wastan tiangé Polos. Tiang dados guru.	*Nama saya Polos. Saya adalah guru.* My name's Polos. I'm a teacher.

| **Tiang dados mahasiswa.** | *Saya adalah seorang mahasiswa.* |
| | I'm a university student. |

| **Jagi kija?** | *Mau ke manakah Anda?* |
| | Where are you going? |

| **Tiang malelancaran.** | *Saya main-main.* |
| | I'm just traveling and seeing places. |

Vocabulary

B) List of Refined Speech (*Alus*) Forms

Refined (*Alus*)	Common (*Lumrah*)	Indonesian	English
dados	dadi	*menjadi*	to be, to become
dados	dadi	*boleh*	may
désa	désa	*desa*	village
guru	guru	*guru*	teacher
jaga	lakar	*akan*	shall, will
jero	jero	*Anda*	you
kija	kija	*ke mana*	where
malelancaran	melali-lali	*tamasya*	to sightsee
matakén	matakon	*bertanya*	to ask
meneng	nongos	*tinggal*	to stay, to live
napi	apa	*apa*	what
niki	ené	*ini*	this, these
parab	adan	*nama*	name
ring	sig	*di*	at, in
saking	uli	*dari*	from
sira	nyén	*siapa*	who
suwitra	timpal	*teman*	friend

Refined (Alus)	Common (Lumrah)	Indonesian	English
tiang, titiang	cang, icang	*aku, saya*	I, me
uning	tawang	*tahu*	to know
wasta	adan	*nama*	name

Sentence Construction Pattern

Questions

dados	+	Pronoun	+	Verb
Dados		**tiang**		**matakén?**
may		I		to question

→ May I ask (you) a question?

dados	+	Verb	+	Noun
Dados		**uning-in**		**parab-é?**
may		to know		name the

→ May I know your name?

jaga	+	wh-Question
Jaga		**kija?**
will		where

→ Where will you go?

Preposition	+	wh-Question	+	Pronoun
Saking		**dija**		**jero-né?**
from		where		you

→ Where are you from?

Pronoun	+	Preposition	+	wh-Question
Jero-né		**saking**		**dija?**
you		from		where

→ Where are you from?

Pronoun   +   wh-Question

Jero-né   **sira?**

you   who

→ Who are you?

Statements

Pronoun   +   Verb

Titiang   **malelancaran**

I   to travel

→ I'm traveling.

Pronoun   +   Verb   +   Noun

Tiang   **dados**   **guru.**

I   to become   teacher

→ I'm a teacher.

Tiang   **dados**   **mahasiswa.**

I   to become   student

→ I'm a student.

Pronoun   +   Verb   +   Place

Tiang   **meneng**   **ring Denpasar.**

I   to live   in Denpasar

→ I live in Denpasar.

Pronoun   +   Preposition +   Place

Tiang   **saking**   **Ottawa ring Kanada**

I   from   Ottawa in Canada

→ I'm from Ottawa, Canada.

niki   +   Place

Niki   **Patemon**

this   Patemon

→ This is Patemon.

Noun	+	Pronoun	+	Name
Parab		**tiang-é**		**Polos.**
name		I		Polos
→ My name is Polos.				
Parab		**tiang-é**		**Johny.**
name		I		Johny
→ My name is Johny.				

What is this?/ What are these?

A) Common Speech Dialogue

Apa ené?

Apakah ini?
What is this?/What are these?

Ené poh.

Ini mangga.
This is a mango./These are mangoes.

Poh apa?

Mangga apakah?
What (type of) mangoes?

Poh manalagi.

Mangga manalagi.
Manalagi mangoes.

Luung?

Bagus?
(Is it) good?/(Are they) good?

Luung sajan.

Bagus sekali.
It's very good./They're very good.

Apa ené?

Apakah ini?
What is this?/What are these?

Ené biu.

Ini pisang.
This is a banana./These are bananas.

Biu apa?	*Pisang apakah?* What (type of) bananas?
Biu gadang.	*Pisang hijau (Kapendis).* Green bananas (Cavendish).
Luung?	*Bagus?* (Is it) good?/(Are they) good?
Luung sajan.	*Bagus sekali.* It's very good./They're very good.

Vocabulary

A) List of Common Speech (*Lumrah*) Words

Common (*Lumrah*)	Refined (*Alus*)	Indonesian	English
apa	napi	*apa*	what
biu	pisang	*pisang*	banana
biu gadang	pisang gadang	*pisang hijau*	Cavendish
ené	niki	*ini*	this, these
gadang	gadang	*hijau*	green
luung	becik	*bagus*	good
luung sajan	becik pisan	*bagus sekali*	very good
poh	poh	*mangga*	mango
poh manalagi	poh manalagi	*mangga manalagi*	Manalagi mango
sajan	jakti	*sungguh*	really

Sentence Construction Pattern

Questions

wh-Question	+	<u>ené</u>
Apa		**ené?**
what		this

→ What is this?

Quality Word
Luung?
good
→ (Is it) good?

<u>Noun</u>	+	<u>wh-Question</u>
Biu		**apa?**
banana		what

→ What banana (is it)?

Statements

<u>ené</u>	+	<u>Object</u>
Ené		**poh.**
this		mango

→ This is a mango.

<u>Quality word</u>	+	<u>Emphasis</u>
Luung		**sajan.**
good		true, very

→ (It is) very good.

<u>Noun</u>	+	<u>Color</u>
Biu		**gadang.**
banana		green

→ (They are) green bananas.

Notes

The "one-word" type of sentences is the abbreviated form of the longer sentence construction, e.g.

Short form	Long form
Luung? comes from	1. **Biu luung ené?**
	(Are these good [bananas]?)
	2. **Apa ené [biu] luung?**
	(Are these good [bananas]?)
Becik? comes from	1. **Pisang becik niki?**
	(Are these good bananas?)
	2. **Napi niki [pisang] becik?**
	(Are these good [bananas]?)

B) Refined Speech Dialogue

Napi niki?	*Apakah ini?*
	What is this?/What are these?
Niki poh.	*Ini mangga.*
	This is a mango./These are mangoes.
Poh napi?	*Mangga apakah?*
	What (type of) mangoes?
Poh manalagi.	*Mangga manalagi.*
	Manalagi mangoes.
Becik?	*Bagus?*
	(Is it) good?/(Are they) good?
Becik pisan.	*Bagus sekali.*
	It's very good./They're very good.
Napi niki?	*Apakah ini?*
	What is this?/What are these?

Niki pisang.	*Ini pisang.* This is a banana./These are bananas.
Pisang napi?	*Pisang apakah?* What (type of) bananas?
Pisang gadang.	*Pisang gadang (Kapendis).* Green bananas (Cavendish).
Becik?	*Bagus?* (Is it) good?/(Are they) good?
Becik pisan.	*Bagus sekali.* It's very good./They're very good.

Vocabulary
B) List of Refined Speech (*Alus*) Words

Refined (*Alus*)	Common (*Lumrah*)	Indonesian	English
becik	luung	*bagus*	good
becik pisan	luung sajan	*bagus sekali*	very good
gadang	gadang	*hijau*	green
jakti	sajan	*sungguh*	really
napi	apa	*apa*	what
niki	ené	*ini*	this, these
pisang	biu	*pisang*	banana
pisang gadang	biu gadang	*pisang hijau*	Cavendish
poh	poh	*mangga*	mango
poh manalagi	poh manalagi	*mangga manalagi*	Manalagi mango

Sentence Construction Pattern

Questions

wh-Question   +   **niki**
Napi   **niki?**
what   this
→ What is this? (What are these?)

Quality Word
Becik?
Good
→ (Is it) good?

Noun   +   wh-Question
Pisang   **napi?**
banana   what
→ What (type of) bananas?

Statements

niki   +   Object
Niki   **poh.**
this   mango
→ This is a mango.

Quality   +   Emphasis
Becik   **pisan.**
good   very
→ (It is) very good.

Noun   +   Quality
Pisang   **gadang.**
banana   green
→ (They are) green bananas.

What is that?/ What are those?

A) Common Speech Dialogue

Apa (en)to	*Apakah itu?* What is that?/What are those?
(En)to siap.	*Itu ayam.* That's a chicken./Those are chickens.
Siap apa?	*Ayam apakah?* What kind of chickens?
Siap Bali.	*Siap Bali.* Bali chicken(s).
Luung sajan tur mokoh.	*Bagus sekali dan gemuk.* It's pretty and fat./They're pretty and fat.
Aa, luung.	*Ya, bagus.* Yes, it is./Yes, they are.

Vocabulary
A) List of Common Speech (*Lumrah*) words

Common (*Lumrah*)	Refined (*Alus*)	Indonesian	English
aa inggih, nggih	ya	yes	
ento, to	nika, punika	*itu*	that, those
luung	becik	*bagus*	good
mokoh	ébuh	*gemuk*	fat
siap	ayam	*ayam*	chicken

Sentence Construction Pattern

Questions

wh-Question   +   <u>(en)to</u>
Apa   **(en)to?**
what   that
→ What is that? (What are those?)

<u>Noun</u>   +   <u>wh-Question</u>
Siap   **apa?**
chicken   what
→ What (type of) chicken?

Extended Questions

<u>Extended</u>
<u>wh-Question</u>   + <u>ento</u>
Buron apa   **ento?**
animal what   that
→ What animal is that?

<u>Short Response</u>

<u>Quality Word</u>	+	<u>Emphasis</u>
Luung		**sajan.**
good		true, very
→ Very good.		
Mokoh		**sajan**
fat		true, very
→ Very fat.		

B) Refined Speech Dialogue

Napi (pu)nika?
Apakah itu?
What is that?/What are those?

(Pu)nika ayam.
Itu ayam.
That's a chicken./Those are chickens.

Ayam napi?
Ayam apakah?
What kind of chickens?

Ayam Bali.
Siap Bali.
Bali chicken(s).

Becik pisan lan mokoh.
Bagus sekali dan gemuk.
It's pretty and fat./They're pretty and fat.

(I)nggih, becik.
Ya, bagus.
Yes, it is./Yes, they are.

Vocabulary
B) List of Refined Speech (*Alus*) Words

Refined (Alus)	Common (Lumrah)	Indonesian	English
ayam	siap	*ayam*	chicken
becik	luung	*bagus*	good
ébuh	mokoh	*gemuk*	fat
inggih, nggih	aa	*ya*	yes
nika, punika	ento, to	*itu*	that, those

Sentence Construction Pattern

Questions

wh-Question   +   **nika**
Napi   **nika?**
what   that
→ What is that? (What are those?)

Noun   +   wh-Question
Ayam   **napi?**
chicken   what
→ What (type of) chickens?

Extended Questions

Extended
wh-Question   +   **nika**
Buron napi   **nika?**
what animal   that
→ What animal is that?

Short Response

Quality Word	+	Emphasis
Becik		**pisan.**
good		very
→ Very good.		
Ageng		**pisan**
big		very
→ Very big.		

Names of Animals

Refined (Alus)	Common (Lumrah)	Indonesian	English
angsa	angsa	*angsa*	swan
bé	ulam	*ikan*	fish
bébék	bébék	*bebek*	duck
bikul	bikul	*tikus*	mouse
bojog	wenara	*monyet*	monkey
buyung	laler	*lalat*	fly
cangak	cangak	*bangau*	heron
capung	capung	*capung*	dragonfly
céléng	bawi	*babi*	pig
cicing	asu	*anjing*	dog
dedara	dedar	*merpati*	pigeon
gajah	gajah	*gajah*	elephant
guak	gagak	*gagak*	raven
jaran	kuda	*kuda*	horse
kakia	kakia	*hiu*	shark
katak	katak	*kodok*	frog
kebo	kebo	*kerbau*	buffalo
kedis	paksi	*burung*	bird
kucit	kucit	*anak babi*	piglet
kupu-kupu	kupu-kupu	*kupu-kupu*	butterfly
kutu	kutu	*kutu*	louse
lelawah	lelawah	*kelelawar*	bat

Refined (Alus)	Common (Lumrah)	Indonesian	English
lelintah	lelintah	*lintah*	leech
lelipi	ula	*ular*	snake
lindung	lindung	*belut*	eel
macan	samong	*harimau*	tiger
manjangan	manjangan	*rusa*	deer
méong	méong	*kucing*	cat
ngetnget	ngetnget	*ngengat*	moth
penyu	penyu	*penyu*	turtle
sampi	banténg, lembu	*sapi*	cow
semut	semut	*semut*	ant
semut api	semut api	*semut api*	red ant
sesapi	sesapi	*sriti*	swallow
sikep	sikep	*elang*	hawk
singa	singa	*singa*	lion
temuati	temuati	*cacing tanah*	earth worm
tetani	tetani	*rayap*	termite

Quality related to color, size, weight, etc

Common (Lumrah)	Refined (Alus)	Indonesian	English
baat	berat	*berat*	heavy
barak	abang	*merah*	red
cenik	alit	*kecil*	small
cupit	kosek	*sempit*	narrow, small
gedé	ageng	*besar*	big, huge
iying	iying	*ringan*	light
kuning	kuning	*kuning*	yellow
linggah	jimbar	*luas*	large, wide
putih	petak	*putih*	white
selem	ireng	*hitam*	black

Where are you going?

A) Common Speech Dialogue

Tiang lakar pesu.	*Saya akan keluar.* I'm going out.
Lakar kija?	*Akan ke manakah?* Where are you going?
Tiang lakar ka peken.	*Saya akan ke pasar.* I'm going to the market.
Ajak nyén pesu?	*Bersama siapakah keluar?* Whom are you going with?
Ajak timpal tiangé.	*Bersama teman saya.* With my friend.
Lakar meli apa di di peken?	*Apakah yang akan kamu beli di pasar?* What are you going to buy from the market?
Timpal tiangé lakar meli buah. Buahé enu bedik. Tiang lakar meli bé pasih ajak jukut.	*Teman saya akan membeli buah. Buahnya masih sedikit. Saya akan membeli ikan laut dan sayur.* My friend will buy fruits; there're a few left. I'll buy sea fish and vegetables.

Nganggo apa ka peken?	*Dengan apa kamu ke pasar?*
	How are you going there?
Tiang lakar nganggo bémo dogén.	*Saya akan pakai bemo saja.*
	I'll just take the minibus.
Melah-melah di jalan, nah.	*Berhati-hatilah di jalan.*
	Be careful on the way, please.

Vocabulary
A) List of Common Speech (*Lumrah*) Words

Common (*Lumrah*)	Refined (*Alus*)	Indonesian	English
ajak	sareng	*dengan*	with
bedik	kidik	*sedikit*	little, few
bémo	bémo	*bemo*	minibus
bé pasih	ulam segara	*ikan laut*	sea fish
buah	woh	*buah*	fruit
di	ring	*di*	at
jukut	jangan	*sayur*	vegetables
ka	ka	*ke*	to
kija	kija	*ke mana*	where
lakar	jagi	*akan*	shall, will
melah	becik	*baik*	good
melah-melah	becik-becik	*baik-baiklah*	Be careful.
meli	numbas	*membeli*	to buy
nah	nggih	*ya, harap*	yes, please
nganggo	nganggé	*menggunakan*	to use
pasih	segara	*laut*	sea
pesu	medal	*keluar*	to go out

Sentence Construction Pattern

Statements

Pronoun	+	lakar	+	Preposition	+	Place
Tiang		**lakar**		**ka**		**peken.**
I		will		to		market

→ I'm going to the market.

Timpal tiangé		**lakar**		**ka**		**pasih.**
friend I		shall		to		beach

→ My friend will go to the beach.

Pronoun	+	lakar	+	Verb
Tiang		**lakar**		**pesu.**
I		will		to go out

→ I'll go out.

Ia		**lakar**		**teka.**
He/She		will		to come

→ He/She'll come.

Pronoun	+	lakar	+	Verb	+	Object
Tiang		**lakar**		**meli**		**buah.**
I		will		to buy		fruit

→ I'll buy fruits.

Tiang		**lakar**		**meli**		**bé pasih.**
I		will		to buy		sea fish

→ I'll buy sea fish.

Pronoun	+	lakar	+	Verb	+	Object
Tiang		**lakar**		**nganggo**		**bémo.**
I		will		to use		minibus

→ I'll take the minibus.

Ia		**lakar**		**nganggo**		**sepéda.**
He/She		will		to use		bicycle

→ He/She'll go by bicycle.

Questions

wh-Question	+	**lakar**	+	Verb
Nyén		**lakar**		**pesu?**
who		will		to go out

→ Who'll go out?

Ajak nyén		**lakar**		**teka?**
with who		will		to come

→ With whom will you come?

wh-Question	+	**lakar**	+	Verb	+	Object
Nyén		**lakar**		**meli**		**buah?**
who		will		to buy		fruit

→ Who will buy fruits?

Ajak nyén		**lakar**		**meli**		**bé pasih?**
with who		will		to buy		fish sea

→ With whom will you buy sea fish?

B) Refined Speech Dialogue

Tiang jagi medal.   *Saya akan keluar.*
I'm going out.

Jagi kija?   *Akan ke manakah?*
Where are you going?

Tiang jagi ka pasar.   *Saya akan ke pasar.*
I'm going to the market.

Sareng sira medal?   *Bersama siapakah keluar?*
Whom are you going with?

Sareng suwitran tiangé.   *Bersama teman saya.*
With my friend.

Jaga numbas napi ring pasar?	*Apakah yang akan kamu beli di pasar?* What are you going to buy from the market?
Suwitran tiang jaga numbas woh. Wohé kantun akidik. Tiang jaga numbas ulam segara sareng jangan.	*Teman saya akan membeli buah. Buahnya masih sedikit. Saya akan membeli ikan laut dan sayur.* My friend will buy fruits; there're a few left. I'll buy sea fish and vegetables.
Nganggé napi ke pasar?	*Naik apa kamu ke pasar?* How are you going there?
Tiang jagi nganggé bémo kémanten.	*Saya akan naik bemo saja.* I'll just take the minibus.
Becik-becik ring margi, nggih.	*Berhati-hatilah di jalan.* Be careful on the way, please.

Vocabulary
B) List of Refined Speech (*Alus*) Words

Refined (*Alus*)	Common (*Lumrah*)	Indonesian	English
becik	melah	*baik*	good
becik-becik	melah-melah	*Baik-baiklah.*	Be careful.
bémo	bémo	*bemo*	minibus
jagi	lakar	*akan*	shall, will
jangan	jukut	*sayur*	vegetables
ka	ka	*ke*	to
kidik	bedik	*sedikit*	little, few

Refined (Alus)	Common (Lumrah)	Indonesian	English
kija	kija	*ke mana*	where
medal	pesu	*keluar*	to go out
nganggé	nganggo	*menggunakan*	to use
nggih	nah	*ya, harap*	yes, please
numbas	meli	*membeli*	to buy
ring	di	*di*	at
sareng	ajak	*dengan*	with
segara	pasih	*laut*	sea
ulam segara	bé pasih	*ikan laut*	sea fish
woh	buah	*buah*	fruit

Sentence Construction Pattern

Statements

Pronoun	+	**jaga**	+	Preposition	+	Place
Tiang		**jaga**		**ka**		**pasar.**
I		will		to		market

→ I'll go to the market.

Timpal tiangé		**jaga**		**ka**		**segara.**
friend I		will		to		beach

→ My friend will go to the beach.

Pronoun	+	**jaga**	+	Verb
Tiang		**jaga**		**medal.**
I		will		to go out

→ I'll go out.

Ipun		**jaga**		**rauh.**
He/She		will		to come

→ He/She'll come.

Pronoun	+	**jaga**	+	Verb	+	Object
Tiang		**jaga**		**numbas**		**woh.**
I		will		to buy		fruit

→ I'll buy fruits.

Pronoun	+	**jaga**	+	Verb	+	Object
Tiang		**jaga**		**numbas**		**ulam segara.**
I		will		to buy		fish sea

→ I'll buy sea fish.

Pronoun	+	**jaga**	+	Verb	+	Object
Tiang		**jaga**		**nganggé**		**bémo.**
I		will		to use		minibus

→ I'll use the minibus.

Ipun		**jaga**		**nganggé**		**sepéda.**
He/She		will		to use		bicycle

→ He/She'll go by bicycle.

Questions

wh-Question	+	**jaga**	+	Verb
Sira		**jaga**		**medal?**
Who		will		to go out

→ Who will go out?

Sareng sira		**jaga**		**rauh?**
with who		will		to come

→ With whom will you come?

wh-Question	+	**jaga**	+	Verb	+	Object
Sira		**jaga**		**numbas**		**woh?**
who		will		to buy		fruit

→ Who will buy fruits?

Sareng sira		**jaga**		**numbas**		**ulam segara?**
With who		shall		to buy		fish sea

→ With whom will you buy sea fish?

Who is this?/ Who are these?

A) Common Speech Dialogue

Nyén (e)né?	*Siapakah ini?* Who is this?/Who are these?
(E)né timpal tiang. Ia mara teka.	*Dia teman saya. Mereka teman saya. Dia baru dating.* She/He is my friend. (They're my friends.) She's/He's just arrived. (They've just arrived.)
Uli dija ia?	*Dari manaka dia?* Where (is she/he) from?
Uli Kanada; ia anak Kanada.	*Dari Kanada; dia orang Kanada.* From Canada; she's/he's Canadian.
Joh sajan gumi ento, nanging melah.	*Jauh sekali, tetapi indah.* Very far, but pretty.
Aa, uli joh.	*Ya, dari jauh.* Yes, from (a) far (place).
Ngudiang ia dini?	*Mengapakah dia di sini?* What is she/he doing here?
Ia lakar muruk.	*Dia akan belajar.* She/He is studying.

Muruk apa?	*Belajar apakah?* What is she/he studying? [Lit: Study what?]
Muruk basa Bali ajak ngigel.	*Belajar bahasa Bali dan menari.* Studying Balinese and traditional dances.
Melah pesan ento.	*Bagus sekali itu.* That's really fantastic.

Vocabulary
A) List of Common Speech (*Lumrah*) Words

Common (*Lumrah*)	Refined (*Alus*)	Indonesian	English
ajak	sareng	*dan, dengan*	with
basa	basa	*bahasa*	language
basa Bali	basa Bali	*bahasa Bali*	Balinese
dini	driki	*di sini*	here
gumi	jagat	*dunia*	country, world
ia	dané, ipun	*dia*	he, she
joh	doh	*jauh*	far
joh sajan	doh pisan	*jauh sekali*	very far
lakar	jaga	*akan*	shall, will
mara	wawu	*baru saja*	just now
mara teka	wawu rauh	*baru tiba*	to have just arrived
melah	becik	*bagus*	good
melah pesan	becik pisan	*bagus sekali*	very good
muruk	muruk	*belajar*	to learn, to study
nanging	sakéwanten	*tetapi*	but
ngigel	masolah	*menari*	to dance

Common (Lumrah)	Refined (Alus)	Indonesian	English
ngudiang	sapunapi	*mengapa*	why
nyén	sira	*siapa*	who
sajan	janten	*sungguh*	really
teka	rauh	*tiba*	to arrive
timpal	suwitra	*sahabat*	friend

Sentence Construction Pattern

Questions

Question Word	+	[e]né
Nyén		[e]né?
who		this
→ What is this?		
Apa		[e]né?
what		this
→ What is this?		

Preposition	+	wh-Question
Uli		**dija?**
from		where
→ Where (are you) from?		

Statements

Pronoun	+	Preposition	+	Distance
Ia		**uli**		**joh.**
he/she		from		far
→ He/She is from a faraway place.				

Pronoun	+	Preposition	+	Place
Ia		**uli**		**Kanada.**
he/she		from		Canada

→ He/She is from Canada.

Phrases

A. Noun Phrases

Noun	+	Pronoun
timpal		**tiang**
friend		I

→ my friend

Noun	+	**ento**
gumi		**ento**
world		that

→ that world

Noun	+	Name
basa		**Bali**
language		Bali

→ Balinese (language)

Object	+	Object
biu		**batu**
banana		seed

→ a variety of bananas with seeds

B. Verb Phrases

lakar	+	Verb
lakar		**muruk**
will		learn

→ will learn

mara	+	Verb
mara		**teka**
just (now)		to come
→ just come		

C. Adjectival Phrases

Distance, Quality	+	Emphasis
joh		**sajan**
far		very
→ very far		
luung		**sajan**
good		very
→ very good		

D. Prepositional Phrases

Preposition	+	Place
uli		**Kanada**
from		Canada
→ from Canada		
ring		**Denpasar**
at, in		Denpasar
→ in Denpasar		

Preposition	+	**dini**
uli		**dini**
from		here
→ from here		

B) Refined Speech Dialogue

Sira niki?	*Siapakah ini?*
	Who is this?/Who are these?
Niki suwitran tiang. Ipun wawu rauh.	*Dia adalah teman saya. (Mereka adalah teman saya.) Dia baru datang.*

	She/He is my friend. (They're my friends.) She's/He's (They've) just arrived.
Saking napi ipun?	*Dari manaka?* Where (is she/he) from?
Saking Kanada; ipun anak Kanada.	*Dari Kanada; dia orang Kanada.* From Canada; she's/he's Canadian.
Doh pisan jagat nika, sakéwanten becik.	*Jauh sekali negeri itu, sakewanten becik.* Very far, but pretty.
(I)nggih, saking doh.	*Ya, dari jauh.* Yes, from (a) far (place).
Ngudiang ipun driki?	*Mengapakah dia di sini?* What is she/he doing here?
Ipun jaga muruk.	*Dia akan belajar.* She/He is studying.
Muruk napi?	*Belajar apakah?* What is he/she studying? [Lit: Study what?]
Muruk basa Bali sareng masolah.	*Belajar bahasa Bali dan menari.* Studying Balinese and traditional dances.

Becik pisan nika.	*Bagus sekali itu.*
	That's really fantastic.

B) List of Refined Speech (*Alus*) Words

Refined (*Alus*)	Common (*Lumrah*)	Indonesian	English
basa	basa	*bahasa*	language
basa Bali	basa Bali	*bahasa Bali*	Balinese
becik	melah	*bagus*	good
becik pisan	melah pesan	*bagus sekali*	very good
dané, ipun	ia	*dia*	he, she
doh	joh	*jauh*	far
doh pisan	joh sajan	*jauh sekali*	very far
driki	dini	*di sini*	here
jaga	lakar	*akan*	shall, will
jagat	gumi	*dunia*	country, world
janten	sajan	*sungguh*	really
masolah	ngigel	*menari*	to dance
muruk	muruk	*belajar*	to learn, to study
rauh	teka	*tiba*	to arrive
sakéwanten	nanging	*tetapi*	but
sapunapi	ngudiang	*mengapa*	why
sareng	ajak	*dan, dengan*	with
sira	nyén	*siapa*	who
suwitra	timpal	*sahabat*	friend
wawu	mara	*baru saja*	just now
wawu rauh	mara teka	*baru tiba*	to have just arrived

Phrase Construction Pattern

Questions

wh-Question	+	niki
Sira		**niki?**
who		this

→ Who is this?

Napi		**niki?**
what		this

→ What is this?

Preposition	+	wh-Question
Saking		**napi?**
from		what

→ Where (are you) from?

Statements

Pronoun	+	Preposition	+	Distance
Ipun		**saking**		**doh.**
he/she		from		far

→ He/She is from a faraway place.

Pronoun	+	Preposition	+	Place
Ipun		**saking**		**Kanada.**
he/she		from		Canada

→ He/She is from Canada.

Phrases
A. Noun Phrases

Noun	+	Pronoun
jagat		**nika**
world		that

→ that world

Name	+	Name
asu		**Kintamani**
dog		Kintamani
→ Kintamani (variety) dog		
anak		**Kanada**
person		Canada
→ a Canadian		

B. Verb Phrases

jaga	+	Verb
jaga		**muruk**
will		learn
→ will learn		

wawu	+	Verb
wawu		**rauh**
just (now)		to come
→ just come		

C. Adjectival Phrases

Distance, Quality	+	Emphasis
doh		**pisan**
far		very
→ very far		
becik		**pisan**
good		very
→ very good		

D. Prepositional Phrases

Preposition	+	**drika**
saking		**drika**
from		there
→ from there		

What kind of dog is this?

A) Common Speech Dialogue

Cicing apa ené?

Anjing apakah ini?
What kind of dog is this?/What kinds of dogs are these?
[Lit: What dog is this?/What dogs are these?]

Ené cicing Bali.

Ini anjing Bali.
This is a Bali dog./These are Bali dogs.

Uli dija?

Dari manakah?
Where is it (are they) from?

Uli Kintamani.

Dari Kintamani.
From Kintamani.

Uli dija ké?

Dari manakah?
Where is it (are they) really from?

Koné uli gunung di Kintamani. *Katanya dari daerah pegunungan di Kintamani.*
They say it's from the mountain region of Kintamani.

Luung sajan gobanné. Awakné mokoh, ikuhné lantang. Ia enu cerik.

Bagus sekali rupanya. Badannya gemuk, ekornya panjang. Dia masih kecil.

It looks very pretty. The body is fat, its tail is long. It's still young.

Aa, sajan luung gobanné; buina ia boh.

Ya, rupanya memang bagus; lagipula dia jinak.

Yes, it is very pretty; moreover it's tame.

Vocabulary
A) List of Common Speech (*Lumrah*) Words

Common (*Lumrah*)	Refined (*Alus*)	Indonesian	English
awak	raga	*badan*	body
boh	boh	*jinak*	tame
cerik	alit	*kecil*	small, young
cicing	asu	*anjing*	dog
enu	kantun	*masih*	still
goba	rupa	*rupa*	appearance
gunung	gunung	*gunung*	mountain
ia	ipun	*dia*	he, she
ikuh	ikuh	*ekor*	tail
lantang	panjang	*panjang*	long
mokoh	ébuh	*gemuk*	fat

Sentence Construction Pattern

Questions

Extended

wh-Question	+	[e]né
Cicing apa		**[e]né?**
dog what		this

→ What (type of) dog is this?

Ikuh apa	**[e]né?**
tail what	this

→ What (type of) tail is this?

Extended

wh-Question	+	Object	+	[e]né/[en]to
Uli dija		**cicing-é**		**[e]né?**
from where		dog the		this

→ Where is this dog from?

Uli dija	**anak-é**	**[en]to?**
from where	person the	that

→ Where is that person from?

Statements

Object	+	enu	+	Age
Cicing-é		**enu**		**cerik.**
dog the		still		little

→ The dog is still little.

Anak-é	**enu**	**cerik.**
person the	still	little

→ The person is still young.

B) Refined Speech Dialogue

Asu napi niki?

Anjing apakah ini?
What kind of dog is this?/What kinds of dogs are these?
[Lit: What dog is this?/What dogs are these?]

Niki asu Bali.

Ini anjing Bali.
This is a Bali dog./These are Bali dogs.

Saking napi?

Dari manakah?
Where is it (are they) from?

Saking Kintamani.

Dari Kintamani.
From Kintamani.

Saking napi ké?

Dari manakah?
Where is it (are they) really from?

Kocap saking gunung ring Kintamani.

Katanya dari daerah pegunungan di Kintamani.
They say it's from the mountain region of Kintamani.

Becik pisan rupanné. Awak ipuné mokoh, ikuh ipuné panjang. Ipun kantun alit.

Bagus sekali rupanya. Badannya gemuk, ekornya panjang. Dia masih kecil.
It looks very pretty. The body is fat, its tail is long. It's still young.

(I)nggih, janten becik rupanné, semaliha ipun boh.	*Ya, rupanya memang bagus; lagipula dia jinak.* Yes, it is very pretty; moreover it's tame.

Vocabulary
B) List of Refined Speech (*Alus*) Words

Refined (*Alus*)	Common (*Lumrah*)	Indonesian	English
alit	cerik	*kecil*	small, young
asu	cicing	*anjing*	dog
boh	boh	*jinak*	tame
ébuh	mokoh	*gemuk*	fat
gunung	gunung	*gunung*	mountain
ikuh	ikuh	*ekor*	tail
ipun	ia	*dia*	he, she
kantun	enu	*masih*	still
panjang	lantang	*panjang*	long
raga	awak	*badan*	body
rupa	goba	*rupa*	appearance

Sentence Construction Pattern

Questions

Extended
wh-Question   +   <u>niki</u>

Asu napi   niki?

dog what   this

→ What (type of) dog is this?

Ikuh napi   niki?
tail   what   this
→ What (type of) tail is this?

Extended
wh-Question   +   Object   +   **niki/nika**
Saking napi   asu-né   niki?
from   where   dog the   this
→ Where is this dog from?
Saking napi   jadma-né   nika?
from   where   person the   that
→ Where is that person from?

Statements

Object   +   **kantun**   +   Age
Asun-é   kantun   alit.
dog the   still   little
→ The dog is still little.
Méong-é   kantun   alit.
cat the   still   little
→ The cat is still little.

Where's the sea (around) here?

A) Common Speech Dialogue

Dija pasihé dini?

Di manakah laut di sini?
Where's the sea (around) here?

Nganginang uli dini.

Ke timur dari sini.
It is east from here.

Joh?

Jauhkah?
(Is it) far?

Tusing joh, paek pesan; duang dasa menit yan nganggo taksi. Lakar kemu?

Tidak, dekat sekali; duapuluh menit bila pakai taksi. Anda akan ke laut?
No, it's very close; it takes twenty minutes if you go by taxi. Do you want to go there?

Aa. Tiang lakar kemu. Tiang dot pesan ngelangi di pasih.

Ya. Saya ingin sekali berenang di laut.
Yes, I want to go there; I long to swim in the sea.

Dadi tiang milu? Tiang dot kemu.

Bolehkah saya ikut? Saya ingin ke sana.
May I go with you? I want to go there (too).

Dadi sajan. Lan bareng kemu.   *Tentu saja. Ayo kita bersama-*
sama ke sana.
Certainly. Let's go there together.

Vocabulary
A) List of Common Speech (*Lumrah*) Words

Common (Lumrah)	Refined (Alus)	Indonesian	English
bareng	sareng	*bersama*	to join, to go together
dadi	dados	*bias, boleh*	be allowed, may
dasa	dasa	*sepuluh*	ten
dini	driki	*di sini*	here
dot	meled	*berkeinginan*	to want
duang dasa	kalih dasa	*duapuluh*	twenty
joh	doh	*jauh*	far
kemu	mrika	*ke sana*	to go there
lan	ngiring	*ayo*	let's
milu	sareng	*ikut*	to join
nganggo	nganggé	*menggunakan*	to use
nganginang	nganinang	*ke arah timur*	to the east (direction)
ngelangi	ngelani	*berenang*	to swim
paek	nampek	*dekat*	near
pasih	segara	*laut*	sea
yan	yéning	*bila*	if

Sentence Construction Pattern

Questions

dadi	+	Pronoun	+	Verb	+	Preposition	+	Place
Dadi		**tiang**		**milu**		**ka**		**pasih?**
may		I		to join		to		beach

→ May I go with you to the beach?

Dadi		**ia**		**bareng**		**ka**		**peken?**
may		he/she		to join		to		market

→ Can he/she go with you to the market?

Statements

Pronoun	+	**dot**	+	Verb	+	Preposition	+	Place
Tiang		**dot**		**ngelangi**		**di**		**pasih.**
I		to want		to swim		at		sea

→ I want to swim in the sea.

Ia		**dot**		**milu**		**ka**		**peken**
he/she		to want		to join		to		market

→ He/She wants to go to the market with you.

B) Refined Speech Dialogue

Ring dija segarané driki?	*Di manakah laut di sini?* Where's the sea (around) here?
Nganginang saking driki.	*Ke timur dari sini.* It is east from here.
Doh?	*Jauhkah?* (Is it) far?

Nénten doh, nampek pisan; kalihdasa menit wantah nganggé taksi. Jagi ka segara?

Tidak, dekat sekali; duapuluh menit bila pakai taksi. Anda akan ke laut?

No, it's very near; it takes twenty minutes if you go by taxi. Do you want to go there?

(I)nggih. Titiang meled ngelangi ring segara.

Ya. Saya ingin sekali berenang di laut.

Yes, I want to go there. I long to swim in the sea.

Dados tiang sareng? Tiang meled mrika.

Bolehkah saya ikut? Saya ingin ke sana.

May I go with you? I want to go there (too).

Dados pisan. Ngiring sareng mrika.

Sudah pasti. Marilah kita bersama-sama ke sana.

Certainly. Let's go there together.

Vocabulary
B) List of Refined Speech (*Alus*) Words

Refined (*Alus*)	Common (*Lumrah*)	Indonesian	English
dados	dadi	*bias, boleh*	be allowed, may
dasa	dasa	*sepuluh*	ten
doh	joh	*jauh*	far
driki	dini	*di sini*	here
kalih dasa	duang dasa	*duapuluh*	twenty
meled	dot	*berkeinginan*	to want
mrika	kemu	*ke sana*	to go there
nampek	paek	*dekat*	near

Refined (Alus)	Common (Lumrah)	Indonesian	English
nganggé	nganggo	*menggunakan*	to use
nganinang	nganginang	*ke arah timur*	to the east (direction)
ngelani	ngelangi	*berenang*	to swim
ngiring	lan	*ayo*	let's
sareng	milu	*ikut*	to join
sareng	bareng	*bersama*	together
segara	pasih	*laut*	sea
yéning	yan	*bila*	if

Sentence Construction Pattern

Questions

dados	+	Pronoun	+	Verb	+	Preposition	+	Place
Dados		tiang		sareng		ka		segara?
may		I		with		to		beach

→ May I go with you to the beach?

Dados	ipun	sareng	ka	pasar?
may	he/she	with	to	market

→ Can he/she go with you to the market?

Statements

Pronoun	+	meled	+	Verb	+	Preposition	+	Place
Tiang		**meled**		ngelangi		ring		segara.
I		to want		to swim		at, in		sea

→ I want to swim in the sea.

Ipun	meled	sareng	ka	pasar.
he/she	to want	to join	to	market

→ He/She wants to go to the market with you.

When are you going to the mountain?

A) Common Speech Dialogue

Buin pidan ka gunung?

Kapankah Anda ke gunung?
When are you going to the mountain?

Mirib buin mani.

Mungkin besok.
Perhaps tomorrow.

Ajak nyén kemu?

Dengan siapakah pergi ke sana?
Who will go with you? [Lit. Who'll you go with?]

Tiang pedidi.

Saya sendirian.
I'll go alone. [Lit. Me alone.]

Nganggo apa kemu?

Dengan apa ke sana?
How do you go there? [With what means are you going?]

Tiang lakar nganggo sepéda montor.

Saya akan naik sepeda motor.
I'll go on a motorbike.

Melahang, nah, apang selamet.

Baik-baiklah agar selamat.
Be careful, please, so you'll be safe.

Nah, tiang lakar melah-melah. *Ya, saya akan berhati-hati.*
Yes, I'll be careful.

Vocabulary
A) List of Common Speech (*Lumrah*) Words

Common (Lumrah)	Refined (Alus)	Indonesian	English
ajak	sareng	*bersama*	with
apang	mangda	*agar*	so that
buin	malih	*lagi*	again, more
kemu	mrika	*ke sana*	to go there
mani	bénjang	*besok*	tomorrow
melah	becik	*baik*	good
melahang	becikang	*berhati-hatilah*	to take care
melah-melah	becik-becik	*baik-baik*	careful
mirib	minab	*barangkali*	perhaps
nah	nggih	*ya, harap*	yes, please
nganggo	nganggé	*menggunakan*	to use
nyén	sira	*siapa*	who
pedidi	peragan	*sendiri*	alone
pidan	pidan	*kapan*	when
selamet	rahayu	*selamat*	safe
sepéda motor	sepéda motor	*sepeda motor*	motorcycle

Sentence Construction Pattern

Note:
As a phrase **buin pidan** means "when"; but as separate words, **buin** means "again" and **pidan** means "when, in the past."

When **buin** is added to a numeral, it indicates a time in the future, e.g. **buin telun, buin a-bulan** which mean "in three days' time" and "in a month's time," respectively. Their equivalents in refined speech are **malih tigang rahina** and **malih a-sasih**.

Pronoun	+	**lakar**	+	Verb	+	Time
Tiang		**lakar**		**teka**		**buin telun**
I		will		to come		again three day

→ I'll come again in three days.

B) Refined Speech Dialogue

Malih pidan ka gunung?

Kapankah Anda ke gunung?
When are you going to the mountain?

Minab bénjang.

Mungkin besok.
Perhaps tomorrow.

Sareng sira mrika?

Dengan siapakah pergi ke sana?
Who'll go with you? [Lit. Who'll you go with?]

Tiang paragayan.

Saya sendirian.
I'll go alone. [Lit. Me alone.]

Nganggé napi mrika?

Dengan apa ke sana?
How do you go there? [Lit. With what means are you going?]

Tiang jaga nganggé sepéda montor.

Saya akan naik sepeda motor.
I'll go on a motorbike.

Becikang nggih mangda rahayu.

Baik-baiklah agar selamat.
Be careful, please, so you'll be safe.

(I)nggih, titiang jagi becik-becik.

Ya, saya akan berhati-hati.
Yes/Thanks, I'll be careful.

Vocabulary
B) List of Refined Speech (*Alus*) Words

Refined (*Alus*)	Common (*Lumrah*)	Indonesian	English
becik	melah	*baik*	good
becikang	melahang	*berhati-hatilah*	to take care
becik-becik	melah-melah	*baik-baik*	careful
bénjang	mani	*besok*	tomorrow
malih	buin	*lagi*	again, more
mangda	apang	*agar*	so that
minab	mirib	*barangkali*	perhaps
mrika	kemu	*ke sana*	to go there
nganggé	nganggo	*menggunakan*	to use
nggih	nah	*ya, harap*	yes, please
peragan	pedidi	*sendiri*	alone
pidan	pidan	*kapan*	when
rahayu	selamet	*selamat*	safe
sareng	ajak	*bersama*	with
sepéda motor	sepéda motor	*sepeda motor*	motorcycle
sira	nyén	*siapa*	who

Sentence Construction Pattern

<u>Pronoun</u>	+	**jaga**	+	<u>Verb</u>	+	<u>Time</u>
Tiang		jaga		**rauh**		**malih tigang rahina.**
I		will		to come		again three day

→ I'll come again in three days.

What food is this?

A) Common Speech Dialogue

Dedaaran apa ento?
Makanan apakah itu?
What food is that?

Ené nasi kuning.
Ini adalah nasi kuning.
This is yellow rice.

Jaen?
Enakkah?
(Is it) tasty?

Jaen sajan.
Enak sekali.
Very tasty.

Dadi tiang nyicip abedik?
Bolehkah saya mencicipi sedikit?
May I taste a little?

Dadi, néh, cicip abedik.
Boleh, silahkan cicipi sedikit.
You may, please try (taste) a little.

Béh, jaen sajan rasanné. Dija meli ené?
Waduh, enak sekali rasanya. Di manakah Anda membelinya?
Wow, it's very tasty. Where did you buy it?

Di peken.
Di pasar.
At the market.

Di peken désa?
Di pasar desa?
At the village market?

Beneh, di peken désa.

Betul, di pasar desa.
Yes, at the village market.

Aji kuda ento?

Berapa harganya?
What's the price?

A-bungkus aji duang tali rupiah.

Se-bungkus harganya duaribu rupiah.
A packet for 2,000 rupiah.

Vocabulary
A) List of Common Speech (*Lumrah*) Words

Common (Lumrah)	Refined (Alus)	Indonesian	English
a-	a-	*satu*	one
abungkus	abungkus	*sebungkus*	one packet
aji	aji	*harga*	price
aji kuda	aji kuda	*Berapa harga?*	What's the price?
béh	béh	*wah*	wow
beneh	patut	*benar*	right
bungkus	bungkus	*bungkus*	packet
cicip	cicip	*mencicipi*	to taste
daar	ajeng	*makan*	to eat
dedaaran	ajengan	*makanan*	food
désa	désa	*desa*	village
dija	dija	*di mana*	where
dua	kalih	*dua*	two
duang tali	kalih tali	*duaribu*	two thousand
ento, to	nika, punika	*itu*	that, those
jaen	jaen	*enak*	tasty
kuda	kuda	*berapa*	how much, how many
kuning	kuning	*kuning*	yellow

Common (Lumrah)	Refined (Alus)	Indonesian	English
meli	numbas	*membeli*	to buy
nasi	ajengan	*nasi*	cooked rice
néh	raris	*silahkan*	please
peken	pasar	*pasar*	market
rasa	rasa	*rasa*	taste

Sentence Construction Pattern

Questions

dadi	+	Pronoun	+	Verb
Dadi		**tiang**		**nyicip?**
may		I		to taste

→ May I taste (it)?

Dadi	**tiang**	**ngidih?**
may	I	to request

May I request it?

dadi	+	Pronoun	+	Verb	+	Amount
Dadi		**tiang**		**nyicip**		**a-bedik?**
may		I		to taste		a little

→ May I taste a little?

Dadi	**tiang**	**ngidih**	**duang bungkus?**
may	I	to request	two packet

→ May I request two packets?

ené/ento	+	Verb	+	Pronoun
Ené		**cicip**		**tiang.**
this		to taste		I

→ This (which) I tasted.

Ento	**idih**	**tiang.**
that	to request	I

→ That (which) I requested.

Amount	+	**lakar**	+	Verb	+	Pronoun
A-bedik		**lakar**		**cicip**		**tiang.**
a little		will		to taste		I

→ A little will be tasted (by me). / I'll taste a little.

Duang bungkus	**lakar**	**idih**	**tiang.**
two packet	will	to request	I

→ Two packets will be requested by me./I'll request two packets.

B) Refined Speech Dialogue

Ajengan napi nika?
Makanan apakah itu?
What food is that?

Niki nasi kuning.
Ini adalah nasi kuning.
This is yellow rice.

Becik?
Enakkah?
(Is it) tasty?

Becik pisan.
Enak sekali.
Very tasty.

Dados tiang nyicip akidik?
Boleh saya mencicipi sedikit?
May I taste a little?

Dodos, niki, cicip akidik.
Boleh, silahkan cicipi sedikit.
You may, please try (taste) a little.

Déwa Ratu, becik pisan rasanné. Ring dija numbas niki?
Waduh, enak sekali rasanya. Di manakah Anda membelinya?
Wow, it's very tasty. Where did you buy it?

Ring pasar.
Di pasar.
At the market.

Ring pasar désa?	*Di pasar desa?* At the village market?
Patut, ring pasar désa.	*Betul, di pasar desa.* Right, at the village market.
Aji kuda nika?	*Berapa harganya?* What's the price?
A-bungkus argané kalihtali **rupiah.**	*Se-bungkus harganya duaribu* *rupiah.* A packet for 2,000 rupiah.

Vocabulary
B) List of Refined Speech (*Alus*) Words

Refined (*Alus*)	Common (*Lumrah*)	Indonesian	English
a-	a-	*satu*	one
abungkus	abungkus	*sebungkus*	one packet
ajeng	daar	*makan*	to eat
ajengan	dedaaran	*makanan*	food
ajengan	nasi	*nasi*	cooked rice
aji	aji	*harga*	price
aji kuda	aji kuda	*Berapa harga?*	What's the price?
béh	béh	*wah*	wow
bungkus	bungkus	*bungkus*	packet
cicip	cicip	*mencicipi*	to taste
désa	désa	*desa*	village
dija	dija	*di mana*	where
jaen	jaen	*enak*	tasty
kalih	dua	*dua*	two
kalih tali	duang tali	*duaribu*	two thousand

Refined (Alus)	Common (Lumrah)	Indonesian	English
kuda	kuda	*berapa*	how much, how many
kuning	kuning	*kuning*	yellow
nika, punika	ento, to	*itu*	that, those
numbas	meli	*membeli*	to buy
pasar	peken	*pasar*	market
patut	beneh	*benar*	right
raris	néh	*silahkan*	please
rasa	rasa	*rasa*	taste

Sentence Construction Pattern

Questions

dados	+	Pronoun	+	Verb
Dados		**tiang**		**nyicip?**
may		I		to taste

→ May I taste (it)?

Dados	**tiang**	**nunas?**
may	I	to request

→ May I request (it)?

dados	+	Pronoun	+	Verb	+	Amount
Dados		**tiang**		**nyicip**		**a-bedik?**
may		I		to taste		a little

→ May I taste a little?

Dados	**tiang**	**nunas**	**kalih bungkus?**
may	I	to request	two packet

→ May I request two packets?

<u>niki/nika</u>	+	<u>Verb</u>	+	<u>Pronoun</u>
Niki		**cicip**		**tiang.**
this		to taste		I

→ This (which) I tasted.

Nika	**tunas**	**tiang.**
that	to request	I

→ That (which) I requested.

<u>Amount</u>	+	**jaga**	+	<u>Verb</u>	+	<u>Pronoun</u>
A-bedik		**jaga**		**cicip**		**tiang.**
a little		will		to taste		I

→ A little will be tasted (by me)./ I'll taste a little.

Kalih bungkus	**jaga**	**tunas**	**tiang**
two packet	will	to request	I

→ Two packets will be requested by me./I'll request two packets.

How many days will you be away?

A) Common Speech Dialogue

Kudang wai lakar luas?

Berapa harikah akan pergi?
How many days will you be away? [Lit. How many days are you going?]

Tiang luas telung dina dogén.

Saya pergi tiga hari.
I'll be away for only three days.

Dija lakar nongos ditu?

Di manakah Anda akan tinggal di sana?
Where will you be staying there?

Tiang nongos di umah timpal. Timpal tiangé melah pesan.

Saya akan tinggal di rumah teman. Teman saya baik sekali.
I'll stay at my friend's house. He's very nice.

Nyén adan timpalé?

Siapakah nama temannya?
What's the name of your friend?

Adan timpal tiangé Polos. Ia magaé di bank.

Nama teman saya adalah Polos. Dia bekerja di sebuah bank.
My friend's name is Polos. He works in a bank.

Uli pidan ia dadi timpal?	*Mulai kapan dia menjadi teman?* Since when did he become your friend?
Uli tiang enu cerik.	*Sejak saya masih kecil.* Since I was still young.
Melah-melah matimpal ajak I Polos.	*Baik-baiklah berteman dengan I Polos.* Keep your friendship with Polos.

Vocabulary

A) List of Common Speech (*Lumrah*) Words

Common (*Lumrah*)	Refined (*Alus*)	Indonesian	English
adan	parab	*nama*	name
cerik	alit	*kecil, muda*	small, young
dadi	dados	*menjadi*	to become
dadi timpal	dados kanti	*menjadi teman*	befriended
dina	rahina	*hari*	day
ditu	drika	*di sana*	there
enu	kantun	*masih*	still
luas	lunga	*bepergian*	to travel
magaé	makarya	*bekerja*	to work
matimpal	makanti	*berteman*	to maintain friendship
melah	becik	*bagus*	good
nongos	meneng	*tinggal*	stay
timpal	kanti	*teman*	friend
uli pidan	saking pidan	*sejak kapan*	since when
umah	jero	*rumah*	house
wai	rahina	*hari*	day

Sentence Construction Pattern

The words **gaé** "job" and **timpal** "friend"— these are nouns. By adding the prefix **ma-** to these nouns, these nouns can function as verbs too, e.g. **ma-gaé** "to work," **ma-timpal** "to become a friend."

Name	+	Verb	+	Noun
Polos		**ngelah**		**gaé**
Polos		to have		job

→ Polos has a job.

Name	+	Verb	+	Place
Polos		**ma-gaé**		**di bank.**
Polos		to work		at bank

→ Polos works in a bank.

Name	+	**dadi**	+	Noun	+	Pronoun
Polos		**dadi**		**timpal**		**tiang**
Polos		to become		friend		I

→ Polos is my friend.

Name/ Pronoun	+	Verb	+	Preposition	+	Pronoun/ Name
Polos		**ma-timpal**		**ajak**		**tiang.**
Polos		to befriend		with		I

→ Polos is my friend.

Tiang		**ma-timpal**		**ajak**		**Polos**
I		to befriend		with		Polos

→ I am a friend of Polos.

B) Refined Speech Dialogue

Kudang rahina jagi lunga?

Berapa lamakah bepergian?
How long will you be away? [Lit.
How long are you going?]

Tiang lunga tigang rahina kémanten.

Saya pergi tiga hari.
I'll be away for only three days.

Ring dija jaga meneng drika?

Di manakah Anda akan tinggal di sana?
Where will you be staying there?

Tiang jagi meneng ring suwitran tiangé. Ipun timpal tiangé becik pisan.

Saya akan tinggal di rumah teman. Teman saya baik sekali.
I'll stay at my friend's house. He's very nice.

Sira wastan suwitrané?

Siapakah nama temannya?
What's the name of your friend?

Wastan suwitran tiangé I Polos. Ipun makarya ring bank.

Nama teman saya adalah Polos. Dia bekerja di sebuah bank.
My friend's name is Polos. He works in a bank.

Saking pidan ipun dados suwitra?

Mulai kapan dia menjadi teman?
Since when did he become your friend?

Saking titiang kantun alit.

Sejak saya masih kecil.
Since I was still young.

Becik-becik masuwitra sareng I Polos.

Baik-baiklah berteman dengan I Polos.
Keep your friendship with Polos.

Vocabulary
B) List of Refined Speech (*Alus*) Words

Refined (*Alus*)	Common (*Lumrah*)	Indonesian	English
alit	cerik	*kecil, muda*	small, young
becik	melah	*bagus*	good
dados	dadi	*menjadi*	to become
dados kanti	dadi timpal	*menjadi teman*	befriended
drika	ditu	*di sana*	there
jero	umah	*rumah*	house
kanti	timpal	*teman*	friend
kantun	enu	*masih*	still
lunga	luas	*bepergian*	to travel
makanti	matimpal	*berteman*	to maintain friendship
makarya	magaé	*bekerja*	to work
meneng	nongos	*tinggal*	to stay
parab	adan	*nama*	name
rahina	dina, wai	*hari*	day
saking pidan	uli pidan	*sejak kapan*	since when

Sentence Construction Pattern

Name	+	Verb	+	Noun
Polos		**madué**		**karya.**
Polos		to have		job

→ Polos has a job.

Name	+	Verb	+	Place
Polos		**ma-karya**		**ring bank.**
Polos		to work		at bank

→ Polos works in a bank.

Name	+	**dados**	+	Noun	+	Pronoun
Polos		**dados**		**kanti**		**tiang.**
Polos		to become		friend		I

→ Polos is my friend.

Name/	+	Verb	+	Preposition	+	Pronoun/
Pronoun						Name
Polos		**ma-kanti**		**sareng**		**tiang.**
Polos		to befriend		with		I

→ Polos is my friend.

Tiang		**ma-kanti**		**sareng**		**Polos.**
I		to befriend		with		Polos

→ I'm a friend of Polos.

What day is it today?

A) Common Speech Dialogue

Dina apa jani?

Hari apakah sekarang?
What day is it today [now]?

Jani Buda.

Sekarang Rabu.
[Now] it's Wednesday.

Ibi dina apa?

Kemarin hari apakah?
What day was it yesterday?

Ibi Anggara.

Kemarin hari Selasa.
Yesterday was Tuesday.

Mani dina apa?

Besok hari apakah?
What day will it be tomorrow?

Mani Wrespati.

Besok hari Kemis.
Tomorrow will be Thursday.

Sesubané Wrespati dina apa?

Setelah Kemis hari apakah?
What is the day after Thursday?

**Sesubané Wrespati lantas
    Sukra.**

Setelah Kemis adalah Jumat.
After Thursday, it is Friday.

Setondén Anggara dina apa?

Sebelum Selasa hari apakah?
What is the day before Tuesday?

Redité dina satondén Anggara.	*Senin adalah hari sebelum Selasa.*
	Monday is the day before Tuesday.
Sesubané Sukra lantas dina Saniscara.	*Sesudah Jumat adalah hari Sabtu.*
	After Friday it is Saturday.
Dina uli Redité nganti Saniscara pepitu dinané.	*Senin hingga Sabtu ada tujuh hari.*
	From Sunday to Saturday there are seven days.
Kéto adan dinané di Bali.	*Demikian nama-nama hari di Bali.*
	Thus, the names of the days in Bali.

Vocabulary

A) List of Common Speech (*Lumrah*) Words

Common (*Lumrah*)	Refined (*Alus*)	Indonesian	English
Anggara	Anggara	*Selasa*	Tuesday
Buda	Buda	*Rebo*	Wednesday
dina	rahina	*hari*	day
ibi	ibi	*kemarin*	yesterday
jani	mangkin	*sekarang*	now
lantas	raris	*lantas*	then
mani	bénjang	*besok*	tomorrow
nganti	ngantos	*hingga*	untik
pepitu	pepitu	*tujuh*	seven
Redité	Redité	*Minggu*	Sunday
Saniscara	Saniscara	*Sabtu*	Saturday
sesubané	sesampuné	*sesudah*	after
setondén	sadurung	*sebelum*	before
Sukra	Sukra	*Jumat*	Friday
uli	saking	*dar*	from
Wrespati	Wrespati	*Kemis*	Thursday

Sentence Construction Pattern

Questions

<u>dina</u>	+	<u>wh-Question</u>	+	<u>Time</u>
Dina		**apa**		**jani?**
day		what		today

→ What day is it today?

Dina	**apa**	**mani?**
day	what	tomorrow

→ What day will it be tomorrow?

Dina	**apa**	**ibi?**
day	what	yesterday

→ What day was it yesterday?

Dina	**apa**	**buin telun?**
day	what	again three

→ What day will it be in three days?

<u>Time</u>	+	<u>Name of Day</u>
Jani		**Redité.**
now		Sunday

→ Today is Sunday.

Mani	**Soma.**
tomorow	Monday

→ Tomorrow will be Monday.

Ané ibi	**Saniscara.**
yesterday	Saturday

→ Yesterday was Saturday.

Buin telun	**Buda.**
again three day	Wednesday

→ In three days it will be Wednesday.

B) Refined Speech Dialogue

Rahina napi mangkin?	*Hari apakah sekarang?* What day is it today (now)?
Mangkin Buda.	*Sekarang Rebo.* (Now) it's Wednesday.
Sané dibi rahina napi?	*Kemarin hari apakah?* What day was it yesterday?
Sané dibi Anggara.	*Kemarin hari Selasa.* Yesterday was Tuesday.
Sané bénjang rahina napi?	*Besok hari apakah?* What day will it be tomorrow?
Bénjang Wrespati.	*Besok hari Kemis.* Tomorrow will be Thursday.
Sesampun Wrespati rahina napi?	*Setelah Kemis hari apakah?* What is the day after Thursday?
Sesampun Wrespati raris Sukra.	*Setelah Kemis adalah Jumat.* After Thursday, it is Friday.
Sadurung anggara rahina napi?	*Sebelum Selasa hari apakah?* What is the day before Tuesday?
Redité rahina sadurung Anggara.	*Senin adalah hari sebelum Selasa.* Monday is the day before Tuesday.
Sesampuné Sukra raris rahina Saniscara.	*Sesudah Jumat adalah hari Sabtu.* After Friday, it is Saturday.

Rahina saking Redité ngantos Saniscara pepitu rahinané.	*Senin hingga Sabtu ada tujuh hari.* From Sunday to Saturday there are seven days.
Kénten wastan rahinané ring Bali.	*Demikian nama-nama hari di Bali.* Thus, the names of the days in Bali.

Vocabulary
B) List of Refined Speech (*Alus*) Words

Refined (*Alus*)	Common (*Lumrah*)	Indonesian	English
Anggara	Anggara	*Selasa*	Tuesday
bénjang	mani	*besok*	tomorrow
Buda	Buda	*Rebo*	Wednesday
ibi	ibi	*kemarin*	yesterday
mangkin	jani	*sekarang*	now
ngantos	nganti	*hingga*	untik
pepitu	pepitu	*tujuh*	seven
rahina	dina	*hari*	day
raris	lantas	*lantas*	then
Redité	Redité	*Minggu*	Sunday
sadurang	setondén	*sebelum*	before
saking	uli	*dar*	from
Saniscara	Saniscara	*Sabtu*	Saturday
sesampuné	sesubané	*sesudah*	after
Sukra	Sukra	*Jumat*	Friday
Wrespati	Wrespati	*Kemis*	Thursday

Sentence Construction Pattern

Questions

<u>rahina</u>	+	<u>wh-Question</u>	+	<u>Time</u>
Rahina		**napi**		**mangkin?**
day		what		today

→ What day is it today?

Rahina	**napi**	**bénjang?**
day	what	tomorrow

→ What day will it be tomorrow?

Rahina	**napi**	**sané ibi?**
day	what	which yesterday

→ What day was it yesterday?

Rahina	**napi**	**malih tigang rahina?**
day	what	again three day

→ What day will it be in three days?

<u>Time</u>	+	<u>Name of Day</u>
Mangkin		**Redité.**
now		Sunday

→ Today is Sunday.

Bénjang	**Soma.**
tomorrow	Monday

→ Tomorrow will be Monday.

Sané ibi	**Saniscara**
yesterday	Saturday

→ Yesterday was Saturday.

Malih tigang rahina	**Buda.**
again three day	Wednesday

→ In three days it will be Wednesday.

LESSON 12

Where may I sit?

A) Common Speech Dialogue

Dija tiang dadi negak?

Di manakah saya boleh duduk?
Where may I sit?

Tiang masih dot negak. Ndén malu, dini dadi negak.

Saya juga ingin duduk. Sebentar, di sini bisa duduk.
I also want to sit down. One moment; you can sit here.

Tongosé luung dini. Ditu ramé, tusing luung tongosé.

Tempatnya bagus di sini. Di sana ramai, tidak bagus tempatnya.
This place (here) is good. It is crowded over there, so it's not good.

Nah, negak suba dini. Tiang lakar pesu akejep.

Ya, duduklah di sini. Saya keluar sebentar.
Well, please sit down here. I'll go out for a while.

Eda mekelo; tiang dini dogén, tusing kija. Tiang tusing kéngkén.

Janganlah pergi lama; saya di sini, tidak ke mana. Saya tidak apa-apa.
Don't be (away too) long, I'll just stay here. Not to worry. [Lit. No worries.]

Melah yan kéto. Antos akejep dogén, nah.

Baguslah bila demikian. Tunggulah saya sebentar saja.

That's good. Wait (here) just for a while, please.

Vocabulary
A) List of Common Speech (*Lumrah*) Words

Common (*Lumrah*)	Refined (*Alus*)	Indonesian	English
antos	jantos	*tunggu*	to wait
dini	driki	*di sini*	here
ditu	drika	*di sana*	there
kejep	jebos	*sebentar*	short time
kénkén	sapunapi	*bagaimana*	how
kija	kija	*pergi*	to go
luung	becik	*bagus*	good
malu	dumun	*awal, mula*	beginning, origin
mekelo	sué	*lama*	long time
melah	becik	*bagus*	good
ndén	jantos	*tunggu*	to wait
ndén malu	mangkin dumun	*tunggu*	to wait
negak	malinggih	*duduk*	to sit
nongos	meneng	*diam, tinggal*	to stay
ramé	ramé	*ramai*	crowded
sing	nénten, ten	*tidak*	no, not
suba	sampun	*sudah*	already
tongos	genah	*tempat*	place
tusing	nénten, ten	*tidak*	no, not

Sentence Construction Pattern

Questions

dadi	+	Pronoun	+	Verb	+	Place
Dadi		**tiang**		**negak**		**dini?**
may		I		to sit		here

→ May I sit here?

Dadi		**ia**		**maroko**		**ditu?**
may		he/she		to smoke		there

→ May he/she smoke there?

Dadi		**tiang**		**nongos**		**dini?**
may		I		to stay		here

→ May I stay here?

Statements

Place	+	dadi	+	Verb
Dini		**dadi**		**negak.**
here		may		to sit

→ You may sit here.

Ditu		**dadi**		**maroko.**
there		may		to smoke

→ You may smoke there.

Dini		**dadi**		**nongos.**
here		may		to stay

→ You may stay here.

Pronoun	+	lakar	+	Verb
Tiang		**lakar**		**pesu.**
I		will		to go out

→ I'll go out.

Ia		**lakar**		**maroko.**
he/she		will		to smoke

→ He/She'll smoke.

B) Refined Speech Dialogue

Ring dija titiang dados malinggih?

Di manakah saya boleh duduk?
Where may I sit?

Tiang taler meled malinggih. Mangkin dumun; driki dados malinggih.

Saya juga ingin duduk. Sebentar, Sebentar, di sini bisa duduk.
I also want to sit down. One moment; you can sit here.

Genahé becik driki. Drika ramé, nénten becik genahé.

Tempatnya bagus di sini. Di sana ramai, tidak bagus tempatnya.
This place (here) is good. It is crowded over there, so it's not good.

Nggih, malinggih dumun. Tiang jagi ka jaba ajebos.

Ya, duduklah. Saya keluar sebentar.
Well, please sit down. I'll go out for a while.

Sampunang sué. Tiang driki kémanten, nénten kija. Tiang nénten kenapi.

Janganlah pergi lama. Saya di sini, tidak ke mana. Saya tidak apa-apa.
Don't be (away too) long, I'll just stay here. Not to worry. [Lit. No worries.]

Becik wantah punika. Jantos ajebos kémanten, nggih.

Baguslah bila demikian. Tunggulah saya sebentar saja.
That's good. Wait (here) just for a while, please.

Vocabulary
B) List of Refined Speech (*Alus*) Words

Refined (Alus)	Common (Lumrah)	Indonesian	English
becik	luung, melah	*bagus*	good
drika	ditu	*di sana*	there
driki	dini	*di sini*	here
dumun	malu	*awal, mula*	beginning, origin
genah	tongos	*tempat*	place
jantos	ndén, antos	*tunggu*	to wait
jebos	kejep	*sebentar*	short time
kija	kija	*pergi*	to go
malinggih	negak	*duduk*	to sit
mangkin dumun	ndén malu	*tunggu*	to wait
nénten, ten	tusing, sing	*tidak*	no, not
ramé	ramé	*ramai*	crowded
sampun	suba	*sudah*	already
sapunapi	kénkén	*bagaimana*	how
sué	mekelo	*lama*	long time

Sentence Construction Pattern

Questions			

<u>dados</u>	+	<u>Pronoun</u>	+	<u>Verb</u>	+	<u>Place</u>
Dados		tiang		malinggih		driki?
may		I		to sit		here

→ May I sit here?

Dados		ipun		malanjaran		drika?
may		he/she		to smoke		there

→ May he/she smoke there?

Dados	**tiang**	**meneng**	**driki?**
may	I	to stay	here

→ May I stay here?

Statements

<u>Place</u>	+	**dados**	+	<u>Verb</u>
Driki		**dados**		**malinggih.**
here		may		to sit

→ You may sit here.

Drika	**dados**	**malanjaran.**
there	may	to smoke

→ You may smoke there.

Driki	**dados**	**meneng.**
here	may	to stay

→ You may stay here.

<u>Pronoun</u>	+	**jaga**	+	<u>Verb</u>
Tiang		**jaga**		**medal.**
I		will		to go out

→ I'll go out.

Ipun	**jaga**	**malanjaran.**
he/she	will	to smoke

→ He/She'll smoke.

Why did you go out just now?

A) Common Speech Dialogue

Ngudiang pesu tunian?

Mengapakah Anda keluar tadi?
Why did you go out just now?

Tiang meli yéh ajak kacang.

Saya membeli air dan kacang.
I (went out and) bought water and some peanuts.

Kacang apa ené?

Kacang apakah ini?
What peanuts are these?

Ené kacang lablab, ené kacang goréng. Makejang jaén. Lautang daar.

Ini kacang rebus, ini kacang goréng. Semuanya enak. Silahkan makan.
These are boiled peanuts, and these are fried peanuts. Please eat them.

Bungkusan apa ené?

Bungkus apakah ini?
What is this packet here?

Ento biu lablab.

Itu pisang rebus.
Those are boiled bananas.

Béh, liu pesan ada dedaaran.

Aduh, banyak sekali ada makanan.
Wow, there's so much to eat.

Sing kénkén, daar dogén.	*Tidak apa, makan sajalah.* Don't worry, just eat them.
Nah, lan daar bareng adéng-adéng.	*Ya, mari kita makan bersama-sama.* Well, let's eat them together slowly.

Vocabulary
A) List of Common Speech (*Lumrah*) Words

Common (*Lumrah*)	Refined (*Alus*)	Indonesian	English
ajak	sareng	*bersama*	with
adéng	alon	*perlahan*	slow
bungkus	bungkus	*bungkus*	packet
daar	ajeng	*makan*	to eat
dedaaran	ajengan	*makanan*	food
goréng	goréng	*goreng*	to fry
jaen	becik rasa	*enak*	tasty
kacang	kacang	*kacang*	peanut
lablab	lablab	*menggodok*	to boil
lautang	rarisang	*silahkan*	please
liu	akéh	*banyak*	many, much
meli	numbas	*membeli*	to buy
ngudiang	sapunapi	*mengapa*	why
pesu	medal	*keluar*	to go out
sing kénkén	nénten sapunapi	*tidak apa-apa*	no worries
tunian	wawu	*barusan*	just now
yéh	toya	*air*	water

Sentence Construction Pattern

Requests				

lautang	+	Verb	+	Object
Lautang		**daar**		**biuné.**
to go on		to eat		banana the

→ Please eat the bananas.

Lautang	**beli**	**jajané.**
to go on	to buy	cake the

→ Please buy the cake.

Questions			

wh-Question	+	**tusing**	+	Verb +	Object
Ngudiang		**tusing**		**daar**	**biun-é?**
why		not		to eat	banana the

→ Why haven't you eaten the banana?/
  Why don't you eat the banana?

Ngudiang	**tusing**	**beli**	**jajan-é?**
why	not	to buy	cake the

→ Why don't you buy the cake?/
  Why haven't you bought the cake?

B) Refined Speech Dialogue

Sapunapi ka jaba wawu?	*Mengapakah Anda keluar tadi?* Why did you go out just now?
Titiang numbas toya sareng kacang.	*Saya membeli air dan kacang.* I (went out and) bought water and some peanuts.

Kacang napi niki?

Kacang apakah ini?
What peanuts are these?

Niki kacang lablab, niki kacang goréng. Sami becik. Raris ajeng.

Ini kacang rebus, ini kacang goréng. Semuanya enak. Silahkan makan.
These are boiled peanuts, and these are fried peanuts. Please eat them.

Bungkus napi niki?

Bungkus apakah ini?
What is this packet here?

Nika pisang lablab.

Itu pisang rebus.
Those are boiled bananas.

Déwa Ratu, akéh pisan wénten ajengan.

Aduh, banyak sekali ada makanan.
Wow, there's so much to eat.

Nénten sapunapi, ajeng kémanten.

Tidak apa, makan sajalah.
Don't worry, just eat them.

Inggih, raris ajeng sareng maalon-alonan.

Ya, mari kita makan bersama-sama.
Well, let's eat them together slowly.

Vocabulary
B) List of Refined Speech (*Alus*) Words

Refined (Alus)	Common (Lumrah)	Indonesian	English
ajeng	daar	*makan*	to eat
ajengan	dedaaran	*makanan*	food
akéh	liu	*banyak*	many, much
alon	adéng	*perlahan*	slow
becik rasa	jaen	*enak*	tasty
bungkus	bungkus	*bungkus*	packet
goréng	goréng	*goreng*	to fry
kacang	kacang	*kacang*	peanut
lablab	lablab	*menggodok*	to boil
medal	pesu	*keluar*	to go out
nénten sapunapi	sing kénkén	*tidak apa-apa*	no worries
numbas	meli	*membeli*	to buy
rarisang	lautang	*silahkan*	please
sapunapi	ngudiang	*mengapa*	why
sareng	ajak	*bersama*	with
toya	yéh	*air*	water
wawu	tunian	*barusan*	just now

Sentence Construction Pattern

Requests		

rarisang	+	Verb	+	Object
Rarisang		**ajeng**		**pisang-é.**
to go on		to eat		banana the

→ Please eat the bananas.

Rarisang	**tumbas**	**sanganan-é.**
to go on	to buy	cake the

→ Please buy the cake.

Questions

wh-Question	+	**nénten**	+	Verb	+	Object
Sapunapi		**nénten**		**ajeng**		**pisang-é?**
why		not		to eat		banana the

→ Why haven't you eaten the banana?/
  Why don't you eat the banana?

Sapunapi	**nénten**	**tumbas**	**sanganan-é?**
why	not	to buy	cake the

→ Why don't you buy the cake?/
  Why haven't you bought the cake?

Why are you looking so sad?

A) Common Speech Dialogue

Ngudiang dadi ngenah sebet?
Mengapakah tampak bersedih?
Why are you looking so sad?

Tiang kélangan.
Saya kehilangan.
I've lost something.

Apa ento?
Apakah itu?
What is it?

Dompét tiangé ilang.
Dompet saya hilang.
My wallet is lost.

Dija ilang?
Di manakah hilangnya?
Where did you lose it?

Tusing tawang tiang.
Saya tidak tahu.
I don't know.

Tegarang alih dini malu. Apa ento di betén ditu?
Mari kita cari di sini dulu.
    Apakah itu di bawah sana?
Let's look for it here first. What is that underneath over there?

Encen?
Yang mana?
Where?

Ento di betén ditu. Tusing ento dompét?	*Sesuatu di bawah itu. Bukankah itu dompet?* Something's underneath over there. Isn't it a wallet?
Ento dompét tiangé.	*Itu dompet saya!* That's my wallet!
Melah-melah ngaba dompét apang tusing ilang.	*Hati-hatilah membawa dompet agar tidak hilang.* Be careful with your wallet so that you won't lose it (again).
Nah, lakar aba tiang dompété apang melah.	*Ya, saya akan simpan baik-baik.* Yes, I'll keep it carefully.

Vocabulary
A) List of Common Speech (*Lumrah*) Words

Common (*Lumrah*)	Refined (*Alus*)	Indonesian	English
aba, ~ngaba	bakta, ~makta	*membawa*	to carry
alih, ~ngalih	rereh, ~ngrereh	*cari*	to look for
apang	mangda	*agar*	so that
apang melah	mangda becik	*agar baik*	carefully, well
betén	sor	*bawah*	under
dompét	dompét	*dompet*	wallet
ilang, ~ngilang	ical, ~ngical	*hilang*	to lose
kélangan	kélangan	*kehilangan*	to lose
malu	dumun	*awal, dulu*	beginning, first
melah	becik	*bagus, baik*	good, well
ngaba, ~aba	makta, ~bakta	*membawa*	to carry
ngenah, ~enah	kanten, ~nganten	*terlihat*	to look

Common (Lumrah)	Refined (Alus)	Indonesian	English
sebet	sungsut	*bersedih*	sad
tawang	uning	*tahu*	to know
tegarang	indayang	*coba*	to try

Sentence Construction Pattern

Suggestions

tegarang	+	Verb	+	Object	+	Place
Tegarang		alih		dompét-é		dini.
to try		to find		purse the		here

→ Try to find the purse here.

Tegarang		aba		biun-é		kema.
to try		to carry		banana the		there

→ Try to carry the bananas to there.

tegarang	+	Verb	+	Place	+	Object
Tegarang		alih		dini		dompét-é.
to try		to find		here		purse the

→ Try to find here the purse.

Tegarang		aba		kema		biun-é.
to try		to carry		there		banana the

→ Try to carry to there the bananas.

melahang	+	Verb	+	Object
Melahang		ngaba		dompét.
be careful		to carry		purse

→ Be careful with your purse.

Melahang		ngisi		pipis-é.
be careful		to hold		money the

→ Be careful with the money.

melahang	+	Verb	+	Place
Melahang		**negak**		**ditu.**
be careful		to sit		there

→ Be careful when sitting there.

melahang	+	Verb	+	Sentence
Melahang		**negak**		**apang tusing ulung.**
be careful		to sit		so that not to fall

→ Be careful when sitting there so that you won't fall.

B) Refined Speech Dialogue

Sapunapi dados kanten sungsut?

Mengapakah tampak bersedih?
Why are you looking so sad?

Titiang kélangan.

Saya kehilangan.
I've lost something.

Napi nika?

Apakah itu?
What is it?

Dompét titiangé ical.

Dompet saya hilang.
My wallet is lost.

Ring dija ical?

Di manakah hilangnya?
Where did you lose it?

Nénten uning titiang.

Tidak tahulah saya.
I don't know.

Indayang rerehin driki dumun. Napi nika ring sor punika?

Mari kita cari di sini dulu.
Apakah itu di bawah sana?
Let's look for it here first. What is that underneath over there?

Sané encén?

Yang mana?
Where?

**Nika ring sor punika. Nénten
ké punika dompét?**

*Sesuatu di bawah itu. Bukankah
itu dompet?*
Something's underneath over
there. Isn't it a wallet?

Nika dompét titiangé.

Itu dompet saya!
That's my wallet!

**Becik-becik makta dompét
mangda nénten ical.**

*Hati-hatilah membawa dompet
agar tidak hilang.*
Be careful with your wallet so
you won't lose it (again).

**Inggih, jaga bakta titiang
dompété becik-becik.**

Ya, saya akan simpan baik-baik.
Yes, I'll keep it carefully.

Vocabulary
B) List of Refined Speech (*Alus*) Words

Refined (*Alus*)	Common (*Lumrah*)	Indonesian	English
bakta, ~makta	aba, ~ngaba	*membawa*	to carry
dompét	dompét	*dompet*	wallet
dumun	malu	*awal, dulu*	beginning, first
ical, ~ngical	ilang, ~ngilang	*hilang*	to lose
indayang	tegarang	*coba*	to try
kanten, ~nganten	ngenah, ~enah	*terlihat*	to look
kélangan	kélangan	*kehilangan*	to lose
makta, ~bakta	ngaba, ~aba	*membawa*	to carry
mangda	apang	*agar*	so that

Refined (Alus)	Common (Lumrah)	Indonesian	English
mangda becik	apang melah	*agar baik*	carefully, well
rereh, ~ngrereh	alih, ~ngalih	*cari*	to look for
sor	betén	*bawah*	under
sungsut	sebet	*bersedih*	sad
uning	tawang	*tahu*	to know

Sentence Construction Pattern

Suggestions

indayang	+	Verb	+	Object	+	Place
Indayang		rereh		dompét-é		driki.
to try		to find		the purse the		here

→ Try to find the purse here.

Indayang		bakta		pisang-é		mrika.
to try		to carry		banana the		there

→ Try to carry the bananas to there.

indayang	+	Verb	+	Place	+	Object
Indayang		rereh		driki		dompét-é
to try		to find		here		purse the

→ Try to find here the purse.

Indayang		bakta		mrika		pisang-é
to try		to carry		there		banana the

→ Try to carry to there the bananas.

becikang	+	Verb	+	Object
Becikang		makta		dompét.
be careful		to carry		purse

→ Be careful with your purse.

Becikang	**ngamel**	**jinah-é.**
be careful	to hold	money the

→ Be careful with the money.

becikang	+	<u>Verb</u>	+	<u>Place</u>
Becikang		**melinggih**		**drika.**
be careful		to sit		there

→ Be careful when sitting there.

becikang	+	<u>Verb</u>	+	<u>Sentence</u>
Becikang		**melinggih**		**mangda ten runtuh.**
be careful		to sit		so that not to fall

→ Be careful when sitting there so that you won't fall.

May I ...?

A) Common Speech Dialogue

Dadi tiang negak dini?

Bolehkah saya duduk di sini?
May I sit here?

Ngudiang tusing dadi. Béh, melah pesan tongosé dini.

Mengapa tidak boleh. Waduh, bagus sekali tempat ini.
Why not? Oh my, this place is very beautiful.

Aa, sajan melah pesan tongosé. Dadi tiang maroko dini?

Ya, tempatnya sungguh cantik. Bolehkah saya merokok di sini?
Yes, this place is really pretty. May I smoke here?

Tusing dadi. Yan maroko, ditu tongosné. Ditu dogén tongos maroko.

Tidak boleh. Tempat merokok ada di situ. Itu tempat orang merokok.
You must not. The place for smoking is over there. That's the place to have a smoke.

Tiang buung maroko lamun kéto. Tiang negak dini sambil ningal-ningalin tongosé. Tusing ada tongos melah buka kéné.

Saya urung merokok bila demikian. Saya duduk di sini sambil memperhatikan tempat ini. Tidak ada tempat cantik seperti ini.
I'll not smoke then. I just sit and watch the place. There's no other place better than this.

Nah, luung yan kéto. Ené ada kacang ajak biu. Lautang daar.

Ya, lebih baik bila demikian. Ini ada kacang dan pisang. Silahkan makan.

Yes, that's better. Here're some peanuts and bananas. Please eat them.

Vocabulary
A) List of Common Speech (*Lumrah*) Words

Common (*Lumrah*)	Refined (*Alus*)	Indonesian	English
buka	sekadi	*seperti*	as, like
buka kéné	sekadi puniki	*seperti ini*	like this
buung, ~muung	urung, ~ngurung	*batal*	to cancel
lamun	wantah	*bila*	if
lamun kéto	wantah sapunika	*bila demikian*	if so
lautang	rarisang	*silahkan*	please
lautang daar	rarisang ajeng	*silahkan makan*	please eat (it)
maroko	malanjaran	*merokok*	to smoke
negak, ~tegak	malinggih	*duduk*	to sit
ningal, ~tingal	nyingak, ~cingak	*memperhatikan*	to watch
ningal-ningalin	nyingak-nyingakin	*memperhatikan*	to watch
tongos	genah	*tempat*	place
tongos maroko	genah malanjaran	*kawasan perokok*	smoking area

Sentence Construction Pattern

Questions

dadi	+	Pronoun	+	Verb	+	Place
Dadi		**tiang**		**negak**		**dini?**
may		I		to sit		here

→ May I sit here?

Dadi		**ia**		**maroko**		**ditu?**
may		he/she		to smoke		there

→ May he/she smoke there?

Dadi		**tiang**		**nongos**		**dini?**
may		I		to stay		here

→ May I stay here?

Prohibition

tusing	+	**dadi**	+	Verb	+	Place
Tusing		**dadi**		**negak**		**dini.**
no		to allow		to sit		here

→ You're not allowed to sit here.

Tusing		**dadi**		**maroko**		**ditu.**
no		to allow		to smoke		there

→ You're not allowed to smoke there.

Statements

Place	+	Quality	+	Emphasis
Tongos-é		**melah**		**pesan.**
place the		good		very

→ The place is very good.

Biun-é		**luung**		**pesan.**
banana the		good		very

→ The bananas are very good.

Kacang-é	jaen	pesan.
peanut the	tasty	very

→ The peanuts are very tasty.

B) Refined Speech Dialogue

Dados titiang melinggih driki?

Bolehkah saya duduk di sini?
May I sit here?

Sapunapi nénten dados. Déwa Ratu, becik pisan genahé.

Mengapa tidak boleh. Waduh, bagus sekali tempat ini.
Why not? Oh my, this place is very beautiful.

Inggih, becik pisan genah niki. Dados titiang malanjaran driki?

Ya, tempatnya sungguh cantik. Bolehkah saya merokok di sini?
Yes, this place is really pretty. May I smoke here?

Nénten dados. Wantah malanjaran drika genahné. Drika kémanten genah malanjaran.

Tidak boleh. Tempat merokok ada di situ. Itu tempat orang merokok.
You must not. The place for smoking is over there. That's the place to have a smoke.

Titiang wangdé malanjaran. Titiang malinggih driki sambil macingak-cingakan. Nén ten wénten genah becik sakadi niki.

Saya urung merokok bila demikian. Saya duduk di sini sambil memperhatikan tempat ini. Tidak ada tempat cantik seperti ini.
I'll not smoke then. I just sit and watch the place. There's no other place better than this.

Inggih, becik sapunika. Niki wénten kacangé areng pisang. Raris ajeng.

Ya, lebih baik bila demikian. Ini ada kacang dan pisang. Silahkan makan.

Yes, that's better. Here're some peanuts and bananas. Please eat them.

Vocabulary

B) List of Refined Speech (*Alus*) Words

Refined (Alus)	Common (Lumrah)	Indonesian	English
genah	tongos	*tempat*	place
genah malanjaran	tongos maroko	*kawasan perokok*	smoking area
malanjaran	maroko	*merokok*	to smoke
malinggih	negak, ~tegak	*duduk*	to sit
nyingak, ~cingak	ningal, ~tingal	*memperhatikan*	to watch
nyingak-nyingakin	ningal-ningalin	*memperhatikan*	to watch
rarisang	lautang	*silahkan*	please
rarisang ajeng	lautang daar	*silahkan makan*	please eat (it)
sekadi	buka	*seperti*	as, like
sekadi puniki	buka kéné	*seperti ini*	like this
urung, ~ngurung	buung, ~muung	*batal*	to cancel
wantah	lamun	*bila*	if
wantah sapunika	lamun kéto	*bila demikian*	if so

Sentence Construction Pattern

Questions

<u>dados</u>	+	<u>Pronoun</u>	+	<u>Verb</u>	+	<u>Place</u>
Dados		**tiang**		**malinggih**		**driki?**
may		I		to sit		here

→ May I sit here?

Dados	**ipun**	**malanjaran**	**drika?**
may	he/she	to smoke	there

→ May he/she smoke there?

Dadi	**tiang**	**manyantos**	**driki?**
may	I	to stay	here

→ May I wait here?

Prohibition

<u>nénten</u>	+	<u>dados</u>	+	<u>Verb</u>	+	<u>Place</u>
Nénten		**dados**		**malinggih**		**driki.**
no		to allow		to sit		here

→ You're not allowed to sit here.

Nénten	**dados**	**malanjaran**	**drika.**
no	to allow	to smoke	there

→ You're not allowed to smoke there.

Statements

<u>Object</u>	+	<u>Quality</u>	+	<u>Emphasis</u>
Genah-é		**becik**		**pisan.**
place the		good		very

→ The place is very beautiful.

Biun-é	**becik**	**pisan.**
banana the	good	very

→ The bananas are very good.

Kacang-é	**becik**	**pisan.**
peanut the	tasty	very

→ The peanuts are very tasty.

When is he coming?

A) Common Speech Dialogue

Tiang suba ngantos makelo dini. Kali kénkén ia lakar teka?

Saya sudah lama di sini. Kapankah dia akan datang?

I've been here for a long time. When is he coming?

Eda inguh; ia seken lakar teka. Tiang nawang kénkén ia ento.

Jangan gusar; dia pasti datang. Saya tahu bagaimana dia itu.

Don't be annoyed; he will come. I know what kind of person he is.

Tiang inguh mapan tiang ngelah gaé lén jumah.

Saya gusar karena saya punya pekerjaan lain di rumah.

I'm annoyed because I have a job to do at home.

Antos buin akejep. Ia seken lakar teka.

Tunggulah lagi sebentar. Dia pasti akan datang.

Wait for a while. He'll surely be here.

Nah, lamun kéto tiang dini ngantos buin akejep.

Baik, bila demikian saya tunggu lagi sebentar di sini.

Well, if it's so, I'll wait here for him for a while.

Wih, nyén ento teka? Tusing ké I Polos ento? Ngudiang dadi kasep?

Oh, siapakah itu yang datang? Bukankah itu I Polos? Menga-pakah Anda terlambat?

Oh, look who's coming! Isn't it I Polos? Why are you late?

Tiang kasép, eda pedih. Tusing ada keneh tidong-tidong. Panak tiangé kebus awakné. Lantas tiang ka Puskesmas. Ampura sajan. Ulian ento tiang kasép.

Saya terlambat, jangalah marah. Tidak ada maksud bukan-bukan di hati. Anak saya demand an saya harus bawa dia ke Puskes-mas. Maafkan saya karena saya terlambat.

I'm late, but please don't be mad. I had no intention (I have nothing bad in my heart) of being late. My son has a fever. I had to take him to the Health Centre. Please pardon me for being late.

Nah, eda kenehanga sajan ento.

Ya, jangan terlalu dipikirkan itu.

Well, don't think too much of it.

Vocabulary

A) List of Common Speech (*Lumrah*) Words

Common (*Lumrah*)	Refined (*Alus*)	Indonesian	English
ada	wénten	*ada*	to exist
ampura	ampura	*maaf*	excuse
awak	raga	*badan*	body
buin akejep	malih jebos	*lagi sebentar*	in a moment
eda	sampunang	*jangan*	don't
ia ipun	dia	he, she	
inguh	imang	*bingung*	be confused

Common (Lumrah)	Refined (Alus)	Indonesian	English
kali kénkén	kali napi	*kapan*	when
kasép	kasép	*terlambat*	late
kebus	kebus	*panas*	hot, feverish
keneh	pamineh	*pikiran*	idea
kenehanga	pinehanga	*dipikirkan*	to think
mapan	santukan	*karena*	because
nawang	uning	*tahu*	to know
ngelah gaé	madué karya	*memiliki pekerjaan*	to have a job
ngudiang	sapunapi	*mengapa*	why
pedih	bendu	*marah*	angry
seken	jati	*sungguh*	really
suba	sampun	*sudah*	already
teka	rauh	*datang*	to come
tidong	nénten	*bukan*	no, not
tidong-tidong	boya-boya	*yang bukan-bukan*	bad intention
ulian	santukan	*karena*	because

Sentence Construction Pattern

Statements

Pronoun	+	suba	+	Verb	+	Time
Ia		suba		ngantos		makelo.
he/she		already		to wait		long

→ He/She has waited for a long time.

Tiang		suba		nawang		uli ibi.
I		already		to know		since yesterday

→ I've known it since yesterday.

Reason	+	Pronoun	+	Quality
Ulian ento		**tiang**		**kasép.**
because that		I		late

→ Because of that I'm late.

Ulian ento	**ia**	**pedih.**
because that	he/she	angry

→ Because of that he/she's angry.

Ulian ento	**tiang**	**kebus.**
because that	I	hot

→ Because of that I have fever.

Reason	+	Pronoun	+	Verb
Ulian ento		**ia**		**teka.**
because that		he/she		to come

→ Because of that he/she's coming.

Ulian ento	**tiang**	**nawang.**
because that	I	to know

→ Because of that I'm informed (have known).

Questions

wh-Question	+	**dadi**	+	Quality/Verb
Ngudiang		**dadi**		**pedih?**
why		to become		angry

→ Why are you angry?

Ngudiang	**dadi**	**kasép**
why	to become	late

→ Why are you late?

Ngudiang	**dadi**	**nawang?**
why	to become	to know

→ How do you know (become informed)?

Ngudiang	**dadi**	**teka?**
why	to become	to come

→ Why have you come?

Requests

eda	+	Quality	+	Preposition	+	Pronoun
Eda		**pedih**		**ajak**		**tiang.**
do not		angry		with		I

→ Don't be angry with me.

Eda	**inguh**	**indik**	**ia.**
do not	restless	about	he/she

→ Don't be uneasy about her/him.

eda	+	Quality/Verb	+	Reason
Eda		**gedeg**		**ulian ento.**
do not		to grumble		because that

→ Don't grumble because of that.

Eda	**teka**	**ulian ento.**
do not	to come	because that

→ Don't come because of that.

Compound Sentences

Sentence	+	**mapan**	+	Sentence
Tiang kasép		**mapan**		**panak tiangé gelem.**
I late		because		child I sick

→ I'm late because my child is ill.

Ia pedih	**mapan**	**tiang kasép.**
he/she angry	because	I late

→ He/She's angry because I'm late.

Tiang teka	**mapan**	**ia suba teka.**
I come	because	he/she already to come

→ I come because he/she's already come.

B) Refined Speech Dialogue

**Titiang sampun sué driki.
Kali napi dané jaga rauh?**

*Saya sudah lama di sini.
Kapankah dia akan datang?*

I've been here for a long time.
When is he coming?

**Sampunang imang; dané
janten pacing rauh.
Titiang uning sapunapi
dané punika.**

*Jangan gusar; dia pasti datang.
Saya tahu bagaimana dia itu.*

Don't be annoyed; he will come.
I know what kind of person
he is.

**Titiang imang santukan
wénten karya lian ring
genah titiangé.**

*Saya gusar karena saya punya
pekerjaan lain di rumah.*

I'm annoyed because I have a job
to do at home.

**Jantos malih ajebos. Dané
janten pacang rauh.**

*Tunggulah lagi sebentar. Dia pasti
akan datang.*

Wait for a while. He'll surely be
here.

**Inggih, wantah asapunika
titiang nyantos driki malih
ajebos.**

*Baik, bila demikian saya tunggu
lagi sebentar di sini.*

Well, if it's so I'll wait here for
him for a while.

**O, sira nika rauh? Nénten ké
I Polos nika? Sapunapi
dados kasép?**

*Oh, siapakah itu yang datang?
Bukankah itu I Polos? Menga-
pakah Anda terlambat?*

Oh, look who's coming! Isn't it I
Polos? Why are you late?

Titiang kasép, sampunang duka. Nénten wénten manah boya-boya. Pianak titiangé ngebus raganné. Raris titiang ka Puskesmas. Ampura pisan. Asapunika titiang dados kasép.

Saya terlambat, jangalah marah. Tidak ada maksud bukan-bukan di hati. Anak saya demand an saya harus bawa dia ke Puskesmas. Maafkan saya karena saya terlambat.

I'm late, but please don't be mad. I had no intention (I have nothing bad in my heart) to be late. My son has a fever. I had to take him to the Health Centre. Please pardon me for being late.

Inggih, sampunang pinehanga pisan nika.

Ya, jangan terlalu dipikirkan itu. Well, don't think too much of it.

Vocabulary
B) List of Refined Speech (*Alus*) Words

Refined (*Alus*)	Common (*Lumrah*)	Indonesian	English
ampura	ampura	*maaf*	excuse
bendu	pedih	*marah*	angry
boya-boya	tidong-tidong	*yang bukan-bukan*	bad intention
imang	inguh	*bingung*	be confused
ipun	ia	*dia*	he, she
jati	seken	*sungguh*	really
kali napi	kali kénkén	*kapan*	when
kasép	kasép	*terlambat*	late
kebus	kebus	*panas*	hot, feverish
madué karya	ngelah gaé	*memiliki pekerjaan*	to have a job
malih jebos	buin akejep	*lagi sebentar*	in a moment

Refined (Alus)	Common (Lumrah)	Indonesian	English
nénten	tidong	*bukan*	no, not
pamineh	keneh	*pikiran*	idea
pinehanga	kenehanga	*dipikirkan*	to think
raga	awak	*badan*	body
rauh	teka	*datang*	to come
sampun	suba	*sudah*	already
sampunang	eda	*jangan*	don't
santukan	mapan, ulian	*karena*	because
sapunapi	ngudiang	*mengapa*	why
uning	nawang	*tahu*	to know
wénten	ada	*ada*	to exist

Sentence Construction Pattern

Statements

Pronoun	+	**sampun**	+	Verb	+	Time
Ipun		**sampun**		**nyantos**		**sué.**
he/she		already		to wait		long

→ He/She's waited for a long time.

Tiang	**sampun**	**uning**	**saking ibi.**
I	already	to know	from yesterday

→ I've known it since yesterday.

Reason	+	Pronoun	+	Quality
Santukan nika		**tiang**		**kasép.**
because that		I		late

→ Because of that I'm late.

Santukan nika	**ipun**	**pedih.**
because that	he/she	angry

→ Because of that he/she's angry.

| **Santukan nika** | | **tiang** | | **kebus.** |
| because | that | I | | hot |

→ Because of that I have fever.

Reason	+	Pronoun	+	Verb
Santukan nika		**ipun**		**teka.**
because	that	he/she		to come

→ Because of that he/she comes.

| **Santukan nika** | | **tiang** | | **uning.** |
| because | that | I | | to know |

→ Because of that I'm informed (have known).

Questions

wh-Question	+	**dados**	+	Quality/Verb
Sapunapi		**dados**		**bendu?**
why		to become		angry

→ Why are you angry?

| **Sapunapi** | | **dados** | | **kasép?** |
| why | | to become | | late |

→ Why are you late?

| **Sapunapi** | | **dados** | | **uning?** |
| why | | to become | | to know |

→ How do you know (become informed about) it?

| **Sapunapi** | | **dados** | | **rauh?** |
| why | | to become | | to come |

→ Why have you come?

Requests

sampunang	+	Quality	+	Preposition	+	Pronoun
Sampunang		**bendu**		**sareng**		**tiang.**
do not		be angry		with		me

→ Don't be angry with me.

Sampunang	**imang**	**sareng**	**ipun.**
do not	be confused	with	her/him

→ Please don't be uneasy with her/him.

Sampunang	**imang**	**sareng**	**ida.**
do not	be confused	with	her/him

→ Don't be uneasy with her/him.

sampunang	+	Quality/Verb	+	Reason
Sampunang		**bendu**		**santukan nika.**
do not		be angry		because that

→ Don't be angry because of that.

Sampunang	**rauh**	**santukan nika.**
do not	to come	because that

→ Don't come because of that.

Compound Sentences

Sentence	+	**santukan**	+	Sentence
Tiang kasép		**santukan**		**pianak tiangé gelem.**
I late		because		child I ill

→ I'm late because my child is ill.

Ipun pedih	**santukan**	**tiang kasép.**
he/she angry	because	I late

→ He/She's angry because I'm late.

Ida bendu	**santukan**	**titiang kasép.**
he/she angry	because	I late

→ He/She's angry because I'm late.

Tiang rauh	**santukan**	**ida sampun rauh**
I come	because	he/she already to come

→ I come because he/she's already come.

What's up?

A) Common Speech Dialogue

Ada orta apa jani?

Ada berita apa sekarang?
What's up (now)?

Ada orta kéné.

Ada berita seperti ini.
The news is like this.

Orta kénkén?

Berita apaan?
What kind of news?

Dingehang melah-melah. Di arep tongos tiangé ada warung jani.

Dengarlah baik-baik. Di depan ru- mah saya ada warung sekarang.
Listen carefully. In front of my house there's a *warung** now.

Warung apa ento?

Warung apakah itu?
What kind of shop is that?

Warung nasi. Warungé ento melah pesan.

Warung makanan. Warung itu bagus sekali.
A *warung* selling food.
   The *warung* is really good.

Kénkén dadi melah?

Bagaimana, kok, bisa jadi bagus?
Why (How come) is it good?

*a small shop selling food

Melah ulian warungé paek, dedaarané melah tur mudah.	*Bagus karena warung itu dekat rumah; makanannya enak dan murah.*
	It's good because it's close to my house; the food is good and cheap.
Apa dogén dadi beli ditu?	*Apa saja yang dapat dibeli di sana?*
	What can be bought there?
Magenepan sajan; ada saté, jukut, muah liu ané lén.	*Bermacam sekali; ada sate, sayur, dan banyak yang lain.*
	Many kinds (of food); there is grilled meat, vegetables, and many others.
Ada tuak?	*Apakah tersedia tuak?*
	Is palm wine available?
Ada sajan.	*Sudah pasti.*
	Certainly.
Béh, lamun kéto tiang lakar énggal kemu.	*Oh, bila demikian saya akan segera ke sana.*
	Wow, if that is so, I'll go there soon.

Vocabulary
A) List of Common Speech (*Lumrah*) Words

Common (*Lumrah*)	Refined (*Alus*)	Indonesian	English
ada	wénten	*ada*	to exist
apa dogén	napi kémanten	*apa saja*	anything
arep	ajeng	*depan*	front
béh	béh	*wah*	wow
beli, ~meli	tumbas, ~numbas	*membeli*	to buy
dingeh, ~ningeh	pireng, ~mireng	*dengar*	to listen
dingehang	pirengang	*dengarkan*	to listen
énggal	gelis	*cepat*	quick
jukut	jangan	*sayur*	vegetables
kemu	mrika	*ke sana*	to go there
lamun kéto	wantah sapunika	*bila demikian*	if so
lén	lian	*lain*	different, other
liu	akéh	*banyak*	many, much
magenepan	magenepan	*segala*	all
melah	becik	*bagus*	good
mudah	murah	*murah*	cheap
nasi	ajengan	*nasi*	cooked rice
orta	orti	*berita*	news
paek	tampek	*dekat*	near
saté	jatah	*sate*	grilled meat
tongos	genah	*tempat, rumah*	place, house
tuak	sajeng	*tuak*	palm wine
warung	warung	*warung*	shop

Sentence Construction Pattern

Questions

ada	+	Object	+	wh-Question	+	Time/Place
Ada		**orta**		**apa**		**jani?**
available		news		what		now

→ What news is there today?

Ada		**saté**		**apa**		**mani?**
available		satay		what		tomorrow

→ What (type of) satay is there tomorrow?

Ada		**warung**		**apa**		**dini?**
available		shop		what		here

→ What shop is there here?

Ada		**jukut**		**apa**		**di warung?**
available		vegetables		what		at shop

→ What vegetables are there in the shop?

Statements

Quality	+	Linking Word	+	Noun	+	Adjective
Melah		**ulian**		**warung-é**		**paek.**
good		because		shop the		near

→ It's good because there's a shop nearby.

Melah		**mapan**		**ajin-né**		**mudah.**
good		because		price the		cheap

→ It's good because prices are low.

Demen		**ulian**		**tuak-é**		**jaen.**
pleased		because		palm wine the		tasty

→ I'm pleased because the palm wine is tasty.

Conditional	+	Pronoun	+	**lakar**	+	Verb	+	Noun
Lamun kéto		**tiang**		**lakar**		**meli**		**saté.**
if like that		I		will		buy		satay

→ If it's like that, I'll buy satay.

Lamun kéto	ia	lakar	ngadep	jukut.
if like that	he/she	will	sell	vegetables

→ If it's like that, he/she'll sell vegetables.

B) Refined Speech Dialogue

Wénten orti napi mangkin?

Ada berita apa sekarang?
What's up (now)?

Wénten orti sapuniki.

Ada berita seperti ini.
The news is like this.

Orti sapunapi?

Berita apaan?
What kind of news?

Pirengang becik-becik. Ring ajeng genah tiangé wénten warung mangkin.

Dengarlah baik-baik. Di depan rumah saya ada warung sekarang.
Listen carefully. In front of my house there's a *warung* now.

Warung napi nika?

Warung apakah itu?
What kind of shop is that?

Warung ajengan. Warung punika becik pisan.

Warung makanan. Warung itu bagus sekali.
A *warung* selling food. The *warung* is really good.

Sapunapi dados becik?

Bagaimana, kok, bisa jadi bagus?
Why (How come) is it good?

Becik santukan warungé nampek; ajengané becik lan murah.	*Bagus karena warung itu dekat rumah; makanannya enak dan murah.* It's good because it's close to my house; the food is good and cheap.
Napi kémanten dados tumbas drika?	*Apa saja yang dapat dibeli di sana?* What can be bought there?
Makéh pisan; wénten jatah, sayur, miwah akéh sané lian.	*Bermacam sekali; ada sate, sayur, dan banyak yang lain.* Many kinds (of food); there is grilled meat, vegetables, and many others.
Wénten sajeng?	*Apakah tersedia tuak?* Is palm wine available?
Wénten pisan.	*Sudah pasti.* Certainly.
Wantah sapunika, titiang jaga digelis mrika.	*Oh, bila demikian saya akan segera ke sana.* Wow, if that is so, I'll go there soon.

Vocabulary

B) List of Refined Speech (*Alus*) Words

Refined (*Alus*)	Common (*Lumrah*)	Indonesian	English
ajeng	arep	*depan*	front
ajengan	nasi	*nasi*	cooked rice
akéh	liu	*banyak*	many, much

Refined (Alus)	Common (Lumrah)	Indonesian	English
becik	melah	*bagus*	good
béh	béh	*wah*	wow
gelis	énggal	*cepat*	quick
genah	tongos	*tempat, rumah*	place, house
jangan	jukut	*sayur*	vegetables
jatah	sate	*sate*	grilled meat
lian	lén	*lain*	different, other
magenepan	magenepan	*segala*	all
mrika	kemu	*ke sana*	to go there
murah	mudah	*murah*	cheap
napi kémanten	apa dogén	*apa saja*	anything
orti	orta	*berita*	news
pireng, ~mireng	dingeh, ~ningeh	*dengar*	to listen
pirengang	dingehang	*dengarkan*	to listen
sajeng	tuak	*tuak*	palm wine
tampek	paek	*dekat*	near
tumbas, ~numbas	beli, ~meli	*membeli*	to buy
wantah sapunika	lamun kéto	*bila demikian*	if so
warung	warung	*warung*	shop
wénten	ada	*ada*	to exist

Sentence Construction Pattern

Questions

wénten	+	Object	+	wh-Question	+	Time/Place
Wénten		orti		napi		mangkin?
available		news		what		now

→ What news is there now?

Wénten	**jatah**	**napi**	**bénjang?**
available	satay	what	tomorrow

→ What (type of) satay is there tomorrow?

Wénten	**warung**	**napi**	**driki?**
available	shop	what	here

→ What shops are there here?

Wénten	**jangan**	**napi**	**ring warung?**
available	vegetables	what	at shop

→ What vegetables are there in the shop?

Statements

<u>Quality</u> +	<u>Linking Word</u> +	<u>Noun</u>	+ <u>Adjective</u>
Becik	**santukan**	**warung-é**	**nampek.**
good	because	shop the	near

→ It's good because the shop is nearby.

Becik	**santukan**	**argan-é**	**murah.**
good	because	price the	cheap

→ It's good because prices are low.

Seneng	**santukan**	**sajeng-é**	**becik.**
be pleased	because	palm wine the	tasty

→ I'm pleased because the palm wine is good.

<u>Conditional</u>	+ <u>Pronoun</u> +	**jaga**	+ <u>Verb</u>	+ <u>Object</u>
Wantah punika	**tiang**	**jaga**	**numbas**	**jatah.**
if that	I	will	to buy	satay

→ If it's like that, I'll buy satay.

Wantah punika	**ipun**	**jaga**	**ngadol**	**jangan.**
if that	he/she	will	to sell	vegetables

→ If it's like that, he/she'll sell vegetables.

Which are you going to buy?

A) Common Speech Dialogue

Ené melah, ento masih melah. Ané cén lakar beli?

Ini bagus, itu juga bagus. Yang mana akan Anda beli?

This (one) is good; that (one) is also good. Which are you going to buy?

Tiang enu paling ané cén lakar beli tiang. Ené melah ento masih melah.

Saya masih bingung yang mana akan saya beli. Ini bagus, itu juga bagus.

I'm still confused as to which to buy. This (one) is good; that (one) is good too.

Kenehin malu satondén meli apang tusing sebet nyanan.

Pikirkanlah dulu sebelum mem-beli agar tidak bersedih nanti.

Think first before you buy so that you won't regret (be sad) later.

Tiang mapineh akejep.

Saya berpikir sebentar.

I'll think it over for a while.

(After some time)

Nah, jani ané cén lakar juang?

Ya, yang manakah akan Anda ambil?

Well, which (one) are you going to take?

Ané cenik beli tiang. Ané gedé baat buin maelan. Ané cenik iying buin mudahan.	*Yang kecil akan saya beli. Yang besar berat dan lebih mahal. Yang kecil ringan dan lebih murah.*
	I'll buy the small one. The big one is heavy and more expensive. The small one is light and cheaper.
Makejang barang tiangé melah. Tiang tusing ngadep barang tusing melah.	*Semua barang saya bagus. Saya tidak menjual barang tidak bagus.*
	All my articles are good. I don't sell articles which are not good.
Ané kéto mula ané melah apang ané meli dadi demen.	*Yang demikian memang bagus agar yang membeli senang.*
	That is the right attitude so that those who buy (from you) will be happy.
Saja melah yan mula kéto.	*Memang seharusnya demikian.*
	It should be so.

Vocabulary
A) List of Common Speech (*Lumrah*) Words

Common (*Lumrah*)	Refined (*Alus*)	Indonesian	English
ané cén	sané encén	*yang mana*	which one
ané cenik	sané alit	*yang kecil*	the small one
ané gedé	sané ageng	*yang besar*	the big one
ané melah	sané becik	*yang baik*	the good one
baat	abot	*berat*	heavy

WHICH ARE YOU GOING TO BUY?   131

Common (Lumrah)	Refined (Alus)	Indonesian	English
barang	barang	*barang*	article of sale
beli, ~meli	tumbas, ~numbas	*membeli*	to buy
demen	seneng	*senang*	happy
enu paling	kantun paling	*masih bingung*	still confused
iying	iying	*ringan*	light
juang	ambil	*ambil*	to take
kenehin	pinehin	*pikirkan*	to think
mael	mael	*mahal*	expensive
maelan	maelan	*lebih mahal*	more expensive
malu	dumun	*dahulu*	first
masih	taler	*juga*	also
melah	becik	*bagus*	good
mudah	murah	*murah*	cheap
mudahan	murahan	*lebih murah*	cheaper
ngadep, ~adep	ngadol, ~adol	*menjual*	to sell
nyanan	pungkuran	*kemudian*	later
sebet	sungsut	*bersedih*	sad

Sentence Construction Pattern

Questions

wh-Question	+	lakar + Verb	+	Pronoun
Ané cén		lakar beli		ragané?
which		will buy		you

→ Which will you buy?

Ané cén		lakar adep		ragané?
which		will sell		you

→ Which will you sell?

Statements

ané kéto	+	Emphasis	+	ané + Quality
Ané kéto		**mula**		**ané melah.**
like that		true		which good

→ That one is truly good.

Ané kéto	**mula**	**ané luung.**
like that	true	which good

→ That one is truly good.

Ané kéto	**mula**	**ané mudahan.**
like that	true	which cheaper

→ That one is truly cheaper.

Conditionals

Condition	+	Emphasis	+	Quality
Yan mula kéto		**saja**		**melah.**
if origin that		true		good

→ If it's truly like that, surely it's good.

Yan mula kéto	**saja**	**iying.**
if origin that	true	light

→ If it's truly like that, surely it's light.

Yan mula kéto	**saja**	**melahan.**
if origin that	true	better

→ If it's truly like that, surely it's better.

Condition	+	Emphasis	+	Sentence
Yan mula kéto		**saja**		**ia sebet.**
if origin be		true		he/she sad

→ If it's truly like that, surely he/she's sad.

Yan mula kéto	**saja**	**tiang lakar meli besik.**
if origin be	true	I will to buy one

→ If it's truly like that, surely I'll buy one.

Yan mula kéto	**saja**	**ragané ané paling.**
if origin be	true	you who be confused

→ If it's truly like that, surely you're confused.

B) Refined Speech Dialogue

Niki becik, nika taler becik. Sané encé jaga tumbas?

Ini bagus, itu juga bagus. Yang mana akan Anda beli?

This (one) is good; that (one) is also good. Which are you going to buy?

Titiang kantun imang sané encén jaga tumbas. Niki becik, nika taler becik.

Saya masih bingung yang mana akan saya beli. Ini bagus, itu juga bagus.

I'm still confused as to which to buy. This (one) is good; that (one) is too.

Pinehin dumun sadurung numbas mangda nénten sungsut pungkuran.

Pikirkanlah dulu sebelum membeli agar tidak bersedih nanti.

Think first before you buy so that you won't regret (be sad) later.

Titiang mapineh ajebos.

Saya berpikir sebentar.

I'll think it over for a while.

(After some time)

Inggih, sané encén jaga ambil?

Ya, yang manakah akan Anda ambil?

Well, which (one) are you going to take?

Sané alit jaga tumbas tiang. Sané ageng abot lan mael. Sané alit iying lan murah.

Yang kecil akan saya beli. Yang besar berat dan lebih mahal. Yang kecil ringan dan lebih murah.

I'll buy the small one. The big one is heavy and more expensive. The small one is light and cheaper.

Sami barang titiangé becik.
  Titiang nénten ngadol
  barang nénten becik.

*Semua barang saya bagus. Saya
  tidak menjual barang tidak
  bagus.*
All my articles are good. I don't
  sell articles which are not good.

Sané sapunika janten becik
  mangda sané numbas dados
  seneng.

*Yang demikian memang bagus
  agar yang membeli jadi senang.*
That is the right attitude so that
  those who buy (from you) will
  be happy.

Janten patut wantah sapunika. *Memang seharusnya demikian.*
It should be so.

Vocabulary
B) List of Refined Speech (*Alus*) Words

Refined (Alus)	Common (Lumrah)	Indonesian	English
abot	baat		*berat* heavy
ambil	juang	*ambil*	to take
barang	barang	*barang*	article of sale
becik	melah	*bagus*	good
dumun	malu	*dahulu*	first
iying	iying	*ringan*	light
kantun paling	enu paling	*masih bingung*	still confused
mael	mael	*mahal*	expensive
maelan	maelan	*lebih mahal*	more expensive
murah	mudah	*murah*	cheap
murahan	mudahan	*lebih murah*	cheaper
ngadol, ~adol	ngadep, ~adep	*menjual*	to sell

Refined (Alus)	Common (Lumrah)	Indonesian	English
pinehin	kenehin	*pikirkan*	to think
pungkuran	nyanan	*kemudian*	later
sané ageng	ané gedé	*yang besar*	the big one
sané alit	ané cenik	*yang kecil*	the small one
sané becik	ané melah	*yang baik*	the good one
sané encén	ané cén	*yang mana*	which one
seneng	demen	*senang*	happy
sungsut	sebet	*bersedih*	sad
taler	masih	*juga*	also
tumbas, ~numbas	beli, ~meli	*membeli*	to buy

Sentence Construction Pattern

Questions

wh-Question	+	jaga + Verb	+	Pronoun
Sané cén		**jaga tumbas**		**ragané?**
that which		will to buy		you

→ Which will you buy?

Sané cén	**jaga adol**	**ragané?**
that which	will to sell	you?

→ Which will you sell?

Statements

sane + kéto	+	Emphasis	+	sané + Quality
Sané kénten		**janten**		**sané becik.**
that like that		sure		that good

→ That one is surely good.

Sané kénten	**janten**	**sané kaon.**
that like that	sure	that bad

→ That one is surely bad.

Sané kénten	**janten**	**sané murahan.**
that like that	sure	that cheaper

→ That one is surely cheaper.

Conditionals

Condition	+	Emphasis	+	Quality
Wantah janten kénten		**janten**		**becik.**
if sure like that		sure		good

→ If it's truly like that, surely it's good.

Wantah janten kénten	**janten**	**ringan.**
if sure like that	sure	light

→ If it's truly like that, surely it's light.

Wantah janten kénten	**janten**	**becikan.**
if sure like that	sure	good

→ If it's truly like that, surely it's good.

Condition	+	Emphasis	+	Sentence
Wantah janten kénten		**janten**		**ipun sebet.**
if true like that		sure		sad

→ If it's truly like that, surely he/she's sad.

Wantah janten kénten	**janten**	**tiang jaga numbas siki.**
if true like that	sure	I shall buy one

→ If it's truly like that, surely I'll buy one.

Wantah janten kénten	**janten**	**ragané sané imang.**
if true like that	sure	you who be confused

→ If it's truly like that, surely you're confused.

How many do you have?

A) Common Speech Dialogue

Nyén ngelah cicingé ené?

Siapakah pemilik anjing ini?
Who is the owner of the dogs?

Mekejang cicingé ené gelah tiang.

Semua anjing itu milik saya.
All the dogs are mine.

Kuda mekejang?

Berapakah semuanya?
How many are there?

Ada nenem.

Ada enam.
There're six.

Kuda ané luh, kuda ané muani?

Berapakah yang betina dan berapakah yang jantan?
How many females and how many males?

Ané luh ada dadua, ané muani ada patpat. Ané luh ené beling.

Yang betina ada dua, yang jantan ada empat.
There're two females and four males. This females is pregnant.

Apa cicingé boh mekejang?

Apakah semua anjingnya jinak?
Are the dogs tame?

Mekejang tusing galak. Ané muani ené ajak ané luh ento boh pesan. Ia nyak ajak nyén dogén.

Semuanya tidak galak. Yang jantan ini dan yang betina itu; jinak sekali. Mereka mau sama siapa saja.

All of them are not wild. This male and that female are very tame. They accept anybody.

Dadi tiang meli besik panakné?

Bisakah saya membeli satu anaknya?

Can I buy a puppy?

Tiang tusing ngadep cicing. Lakar baang abesik yan suba ada panakné buin. Ané luh apa ané muani?

Saya tidak menjual anjing. Akan saya berikan satu bila sudah ada anak-anaknya yang baru. Apakah Anda mau yang jantan atau yang betina?

I don't sell dogs. I'll give you one when there are new babies again. Do you want a male or female?

Ané cén dogén lakar juang tiang. Suksma pesan.

Yang mana saja saya terima. Terima kasih banyak.

Whichever one you give, I'll accept. Thank you very much.

Vocabulary
A) List of Common Speech (*Lumrah*) Words

Common (*Lumrah*)	Refined (*Alus*)	Indonesian	English
abesik	asiki	*satu*	one
baang, ~maang	icén, ~ngicén	*memberi*	to give
beling	beling	*hamil*	pregnant

Common (Lumrah)	Refined (Alus)	Indonesian	English
besik	siki	*satu*	one
boh	boh	*jinak*	tame
cicing	asu	*anjing*	dog
galak	galak	*buas*	wild
gelah	dué	*milik*	possession
juang	ambil	*ambil*	to take
kuda	kuda	*berapa*	how many, how much
luh	lua	*betina*	female
mekejang	sami	*semua*	all
muani	muani	*jantan*	male
nenem	nenem	*enam*	six
ngadep, ~adep	ngado, ~adol	*menjual*	to sell
ngelah	madué	*mempunyai*	to possess

Sentence Construction Pattern

Questions		

wh-Question	+	Possession	+	Object
Nyén		**ngelah**		**cicing?**
who		to have		dog

→ Who has a dog?

Nyén	**ngelah**	**siap?**
who	to have	chicken

→ Who has chickens?

Kuda	**ngelah**	**cicing?**
how many	to have	dog

→ How many dogs do you have?

Kuda	**ngelah**	**siap?**
how many	to have	chicken

→ How many chickens do you have?

Statements

Pronoun	+	Possession	+	Object	+	Quantity
Tiang		**ngelah**		**cicing**		**telu.**
I		to have		dog		three

→ I have three dogs.

Ia		**ngelah**		**siap muani**		**liu.**
he/she		to have		chicken male		many

→ He/She has many roosters.

Ia		**ngelah**		**panak cicing**		**patpat**
he/she		to have		child dog		four

→ He/She has four puppies.

lakar	+	Verb	+	Quantity	+	Sentence
Lakar		**baang**		**besik**		**yan suba ada panakné.**
will		to give		one		if already available children

→ I'll give you one if there are puppies available.

Lakar		**beli**		**dadua**		**yan suba ada pipis.**
will		to buy		two		if already available money

→ I'll buy two if I've the money.

Lakar		**adep**		**makejang**		**yan suba ada ané meli.**
will		to sell		all		if already available that to buy

→ I'll sell them all if there's already a buyer.

ané	+	Sex/Quality	+	Quality
Ané		**luh**		**beling gedé.**
that		female		pregnant big

→ The female one is pregnant (mature).

Ané		**muani**		**galak pesan.**
that		male		fierce very

→ The male one is very fierce.

Ané		**cerik**		**boh pesan.**
that		small		tame very

→ The small one is very tame.

B) Refined Speech Dialogue

Sira nuénang asu puniki?

*Siapakah yang memiliki anjing-
      anjing ini?*
Who is the owner of these dogs?

Sami asu punika duén titiang.

Semua anjing itu milik saya.
All the dogs are mine.

Kuda samian?

Berapakah semuanya?
How many are there?

Wénten nenem.

Ada enam.
There're six.

**Kuda sané luh, kuda sané
      muani?**

*Berapakah yang betina dan
      berapakah yang jantan?*
How many females and how
      many males?

**Sané luh wénten kalih, sané
      muani wénten patpat.**

*Yang betina ada dua, yang jantan
      ada empat.*
There're two females and four
      males. This females is pregnant.

Napi samian asuné boh?

Apakah semua anjingnya jinak?
Are the dogs tame?

**Samian nénten galak. Sané
      muani niki sareng sané luh
      nika boh pisan. Ipun seneng
      sareng sira kémanten.**

*Semuanya tidak galak. Yang
      jantan ini dan yang betina itu;
      jinak sekali. Mereka mau sama
      siapa saja.*
All of them are not wild. This
      male and that female are very
      tame. They accept anybody.

Dados titiang numbas panak asuné siki?

Bisakah saya membeli satu anaknya?

Can I buy a puppy?

Titiang nénten ngadol asu. Jagi aturang titiang siki wantah sampun wénten pianakné malih. Sané muani napi sané luh?

Saya tidak menjual anjing. Akan saya berikan satu bila sudah ada anak-anaknya yang baru. Apakah Anda mau yang jantan atau yang betina.

I don't sell dogs. I'll give you one when there are new babies again. Do you want a male or female?

Sané napi kémanten jaga ambil tiang. Suksma pesan.

Yang mana saja saya terima. Terima kasih banyak.

Whichever one you give, I'll accept. Thank you very much.

Vocabulary

B) List of Refined Speech (*Alus*) Words

Refined (*Alus*)	Common (*Lumrah*)	Indonesian	English
ambil	juang	*ambil*	to take
asiki	abesik	*satu*	one
asu	cicing	*anjing*	dog
beling	beling	*hamil*	pregnant
boh	boh	*jinak*	tame
dué	gelah	*milik*	possession
galak	galak	*buas*	wild
icén, ~ngicén	baang, ~maang	*memberi*	to give
kuda	kuda	*berapa*	how many, how much
lua	luh	*betina*	female

Refined (Alus)	Common (Lumrah)	Indonesian	English
madué	ngelah	*mempunyai*	to possess
muani	muani	*jantan*	male
nenem	nenem	*enam*	six
ngadol, ~adol	ngadep, ~adep	*menjual*	to sell
sami	mekejang	*semua*	all
siki	besik	*satu*	one

Sentence Construction Pattern

Questions

wh-Question	+	Possession	+	Object
Sira		**madué**		**asu?**
who		to have		dog

→ Who has dogs?

Sira		**madué**		**ayam?**
who		to have		chicken

→ Who has chickens?

Kuda		**madué**		**asu?**
how many		to have		dog

→ How many dogs do you have?

Kuda		**madué**		**ayam?**
how many		to have		chicken

→ How many chickens do you have?

Statements

Pronoun	+	Possession	+	Object	+	Quantity
Tiang		**madué**		**asu**		**tiga.**
I		to have		dog		three

→ I have three dogs.

Ipun	**madué**	**ayam muani**	**akéh.**
he/she	to have	chicken male	many

→ He/She has many roosters.

Ida	**madué**	**panak asu**	**patpat.**
he/she	to have	child dog	four

→ He/She has four puppies.

<u>jaga</u>	+	<u>Verb</u>	+	<u>Quantity</u>	+	<u>Sentence</u>
Jaga		**aturang**		**siki**		**wantah sampun wénten pianakné.**
will		to give		one		when already available child the

→ I'll give you one if there are puppies available.

Jaga	**tumbas**	**kalih**	**wantah sampun wénten jinah.**
will	to buy	two	if already available money

→ I'll buy two if I have the money.

Jaga	**adol**	**sami**	**wantah sampun wénten sané numbas.**
will	to sell	all	if already available that to buy

→ I'll sell them all if there is already a buyer.

<u>sané</u>	+	<u>Sex/Age</u>	+	<u>Quality</u>
Sané		**luh**		**beling ageng.**
that		female		pregnant big

→ The female one is pregnant (mature).

Sané	**muani**	**galak pisan.**
that	male	fierce very

→ The male one is very fierce.

Sané	**alit**	**boh pisan.**
that	small	tame very

→ The small one is very tame.

What's the name of the lake?

A) Common Speech Dialogue

Dingin sajan dini.

Dingin sekali di sini.
It's very cold here.

Aa, dingin krana ené di gunung. Apa buin ada danu linggah.

Ya, dingin karena ini di gunung. Lagi pula ada danau besar.
Yes, it's cold because we are on the mountain. Moreover, there is a big lake.

Tiang ngetor krana dingin pesan.

Saya menggigil karena sangat dingin.
I'm shivering because it's very cold.

Anggo baju tebel ené apang anget. Yan tiang, ené tusing dingin pesan. Lan majalan apang dadi anget.

Pakailah baju tebal ini agar badannya hangat. Bagi saya, ini tidak dingin sekali. Ayolah berjalan agar hangat.
Put on this warm jacket (to keep yourself warm). For me it's not very cold. Let's walk to make ourselves warm.

Kija majalan?

Ke manakah kita berjalan?
Where are we going?

Ka danuné ento.	*Ke danau itu.* To the lake.
Apa tusing joh danuné ento?	*Apakah danau itu tidak jauh?* Isn't the lake far?
Tusing joh sajan. Lan majalan adéng-adéng.	*Tidak terlalu jauh. Ayo kita berjalan pelan-pelan.* It's not very far. Let's walk slowly.
Apa adan danuné ento?	*Apakah nama danau itu?* What's the name of the lake?
Bratan adan danuné.	*Bratan namanya.* Bratan is its name.

Vocabulary

A) List of Common Speech (*Lumrah*) Words

Common (*Lumrah*)	Refined (*Alus*)	Indonesian	English
adéng	alon	*pelan*	slow
anget	anget	*hangat*	warm
awak	raga	*badan*	body
baju tebel	kewaca tebel	*baju tebal*	warm jacket
danu	danu	*danau*	lake
dingin	adem	*dingin*	cold
jalan	margi	*jalan*	road
krana	santukan	*karena*	because
lan	ngiring	*ayo*	let's
linggah	jimbar	*luas*	large
majalan	mamargi	*berjalan*	to walk
ngetor, ~etor	ngetor, ~etor	*menggigil*	to shiver
tebel	tebel	*tebal*	thick

Sentence Construction Pattern

Statements				

Pronoun	+	Verb/Adjective	+	Linking Word	+	Quality
Tiang		**ngetor**		**krana**		**dingin**
I		to shiver		because		cold

→ I'm shivering because it's cold.

Ia		**kiap**		**krana**		**kenyel.**
he/she		sleepy		because		be tired

→ He/She is sleepy because he/she's tired.

Suggestions		

lan + verb	+	Linking Word	+	Reason
Lan majalan		**apang**		**dadi anget.**
to let to walk		so that		to become warm

→ Let's walk so that we can become warm.

Lan negak		**apang**		**tusing kenyel.**
to let to sit		so that		not be tired

→ Let's sit so that we're not tired.

Lan nongos		**apang**		**dadi seger buin.**
to let to stop		so that		to become fresh again.

→ Let's stop so that we can become refreshed [fresh again].

B) Refined Speech Dialogue

Adem pisan driki.

Dingin sekali di sini.
It's very cold here.

Inggih, adem santukan niki ring gunung. Samaliha wénten danu ageng.

Ya, dingin karena ini di gunung.
 Lagi pula ada danau besar.
Yes, it's cold because we are on the mountain. Moreover, there is a big lake.

Titiang ngetor santukan adem pisan.	*Saya menggigil karena sangat dingin.* I'm shivering because it's very cold.
Anggé sané tebel niki mangda ragané anget. Wantah titiang, nénten adem pisan. Raris mamargi mangda dados anget.	*Pakailah baju tebal ini agar badannya hangat. Bagi saya, ini tidak dingin sekali. Ayolah berjalan agar hangat.* Put on this warm jacket (to keep yourself warm). For me it's not very cold. Let's walk to make ourselves warm.
Jagi kija mamarginé?	*Ke manakah kita berjalan?* Where are we going?
Ka danu punika.	*Ke danau itu.* To the lake.
Nénten ké danu nika doh?	*Apakah danau itu tidak jauh?* Isn't the lake far?
Nénten doh pisan. Raris mamargi alaon-alon.	*Tidak terlalu jauh. Ayo kita berjalan pelan-pelan.* It's not very far. Let's walk slowly.
Napi wastan danu punika?	*Apakah nama danau itu?* What's the name of the lake?
Bratan wastan danuné.	*Bratan namanya.* Bratan is its name.

Vocabulary
B) List of Refined Speech (*Alus*) Words

Refined (*Alus*)	Common (*Lumrah*)	Indonesian	English
adem	dingin	*dingin*	cold
alon	adéng	*pelan*	slow
anget	anget	*hangat*	warm
danu	danu	*danau*	lake
jimbar	linggah	*luas*	large
kewaca tebel	baju tebel	*baju tebal*	warm jacket
mamargi	majalan	*berjalan*	to walk
margi	jalan	*jalan*	road
ngetor, ~etor	ngetor, ~etor	*menggigil*	to shiver
ngiring	lan	*ayo*	let's
raga	awak	*badan*	body
santukan	krana	*karena*	because
tebel	tebel	*tebal*	thick

Sentence Construction Pattern

Statements

Pronoun	+	Verb/Adjective	+	Linking Word	+	Quality
Tiang		ngetor		santukan		adem.
I		to shiver		because		cold

→ I'm shivering because it's cold.

Ipun		kiap		santukan		kenyel.
he/she		sleepy		because		be tired

→ He/She is sleepy because he/she's tired.

Ida		arip		santukan		kaleson.
he/she		sleepy		because		be tired

→ He/She is sleepy because he/she's tired.

Suggestions

ngiring + Verb   +   Linking Word   +   Reason

Ngiring mamargi   **mangda**   **dados anget.**

to let   to walk   so that   to become warm

→ Let's walk so that we can become warm.

Ngiring malinggih   **mangda**   **nénten kaleson.**

to let   to sit   so that   not   be tired

Let's sit so that we aren't tired.

Ngiring meneng   **mangda**   **dados seger malih.**

to let   to stop   so that   to become fresh again

→ Let's stop so that we can be refreshed [fresh again].

Is there a shop here?

A) Common Speech Dialogue

Tiang bedak sajan.

Saya haus sekali.
I'm very thirsty.

Tiang masih bedak pesan.
Lan majalan buin bedik.
Mirib ada warung ditu.

Saya juga haus sekali. Ayo ber-
jalan lagi sedikit. Mungkin di
sana ada warung.
I'm also very thirsty. Let's walk a
bit further. Maybe there's a
shop there.

Ento mirib warung. Lan
majalan kemu; nyén
nawang ada warung ditu.

Itu mungkin warung. Ayo kita ber-
jalan ke sana; siapa tahu ada
warung di situ.
That could be a shop. Let's walk
in that direction; who knows,
there may be a shop there.

Sajan, ento warung.

Benar, itu sebuah warung.
Right, that's a shop.

Apa ada inuman di warungé
ento?

Apakah ada minuman di warung
itu?
Do they have any kind of drinks
there?

**Lan kemu dogén; nyén
   nawang ada inuman.**

*Ayo kita ke sana saja; siapa tahu
   ada minuman.*

Let's go in; who knows, they may
   have some drinks.

Ada inuman, Jro Dagang?

Apakah da minuman, Ibu Penjual?

Is there any drink, Ms. Seller?

Ada, dingin apa panes?

Ada, dingin atau panas?

Yes, there is. Cold or hot?

Vocabulary
A) List of Common Speech (*Lumrah*) Words

Common (Lumrah)	Refined (Alus)	Indonesian	English
bedak	kasatan	*haus*	thirsty
bedik	kidik	*sedikit*	little, few
dagang	pangadol	*penjual*	seller
dingin	dingin	*dingin*	cold
inuman	inuman	*minuman*	drink
lan kemu	ngiring mrika	*ayo ke sana*	let's go there
mirib	minab	*barangkali*	perhaps
nyén nawang	sira uning	*siapa tahu*	who knows
panes	panes	*panas, denam*	hot, feverish

Sentence Construction Pattern

Possibility

mirib	+	ada	+	Object	+	Place
Mirib		**ada**		**warung**		**ditu.**
maybe		available		shop		there

→ Maybe there's a shop there.

Mirib	**ada**	**dagang nasi**	**dini.**
maybe	available	seller rice	here

→ Maybe there's a rice seller there.

nyén + Verb	+	ada	+	Object	+	Place
Nyén nawang		**ada**		**dagang inuman**		**ditu.**
who to know		available		seller drink		there

→ Who knows, there may be a drinks seller there.

Nyén nawang	**ada**	**kopi panes**	**dini.**
who to know	available	coffee hot	here

→ Who knows, there may be hot coffee here.

B) Refined Speech Dialogue

Tiang kasatan pisan.

Saya haus sekali.
I'm very thirsty.

Titiang taler kasatan. Ngiring mamargi malih kidik. Minab wénten warung drika.

Saya juga haus sekali. Ayo berjalan lagi sedikit. Mungkin ada warung di sana.
I'm also very thirsty. Let's walk a bit further. Maybe there's a shop there.

Punika minab warung. Ngiring mrika mamargi; sira uning wénten warung drika.

Itu mungkin warung. Ayo kita berjalan ke sana; siapa tahu ada warung di situ.

That could be a shop. Let's walk in that direction; who knows, there may be a shop there.

Patut, punika warung.

Benar, itu sebuah warung.

Right, that's a shop.

Napi wénten inuman ring warung nika?

Apakah ada minuman di warung itu?

Do they have any kind of drinks there?

Ngiring mrika kémanten; sira uning wénten inuman.

Ayo kita ke sana saja; siapa tahu ada minuman.

Let's go in; who knows, they may have drinks.

Wénten inuman, Jro Pangadol?

Apakah da minuman, Ibu Penjual?

Is there any drink, Ms. Seller?

Wénten, dingin napi panes?

Ada, dingin atau panas?

Yes, there is. Cold or hot?

Vocabulary
B) List of Refined Speech (*Alus*) Words

Refined (Alus)	Common (Lumrah)	Indonesian	English
dingin	dingin	*dingin*	cold
inuman	inuman	*minuman*	drink
kasatan	bedak	*haus*	thirsty
kidik	bedik	*sedikit*	little, few
minab	mirib	*barangkali*	perhaps
ngiring mrika	lan kemu	*ayo ke sana*	let's go there
panes	panes	*panas*	hot
pangadol	dagang	*penjual*	seller
sira uning	nyén nawang	*siapa tahu*	who knows

Sentence Construction Pattern

Possibility

minab	+	Verb	+	Object		+	Place
Minab		**wénten**		**warung**			**drika.**
maybe		available		shop			there

→ Maybe there's a shop there.

Minab		**wénten**		**pangadol ajengan**			**driki.**
maybe		available		seller	rice		here

→ Maybe there's a rice seller here.

sira + Verb	+	Verb	+	Object		+	Place
Sira uning		**wénten**		**pangadol inuman**			**drika.**
who to know		available		seller	drink		there

→ Who knows, there may be a drinks seller there.

Sira uning		**wénten**		**wédang panes**			**driki.**
who to know		available		coffee	hot		here

→ Who knows, there may be hot coffee here.

Do you want to learn to write the Balinese script?

A) Common Speech Dialogue

Koné basa Bali ngelah aksara pedidi?

Katanya bahasa Bali memiliki hurufnya sendiri.
They say that the Balinese has its own script.

Saja, basa Bali tuah ngelah aksara.

Benar, bahasa Bali memang memiliki haruf.
True, the Balinese language has its own script.

Apa adan aksarané ento?

Apakah nama huruf itu?
What's the name of the script?

Adanné Carakan.

Namanya Carakan.
(The name is) Carakan.

Buka apa Carakané?

Seperti apakah carakan itu?
What's the Carakan script like?

Buka kéné.
ᬳᬦᬘᬭᬓᬤᬢᬲ
ha na ca ra ka da ta sa, wa la ᬯᬮᬫᬕᬩᬗᬧᬚᬬᬜ᭄

Seperti ini.
ᬳᬦᬘᬭᬓᬤᬢᬲ
ha na ca ra ka da ta sa, wa la
ᬯᬮᬫᬕᬩᬗᬧᬚᬬᬜ᭄

ma ga ba nga pa ja ya nya   *ma ga ba nga pa ja ya nya*
                                        Like this.
                                        ꦩꦒꦧꦔꦥꦗꦪꦚ
                                        ha na ca ra ka da ta sa, wa la
                                        ꦲꦤꦕꦫꦏꦢꦠꦱꦮꦭ
                                        ma ga ba nga pa ja ya nya

Béh, melah pesan. Tiang lakar   *Wah, bagus sekali. Saya akan*
muruk nulis Carakan. Dija   *belajar menulis Carakan. Di*
tiang muruk.   *manakah saya belajar?*
                                        Oh, it's fantastic. I want to learn
                                        to write the Carakan. Where
                                        can I learn it?

Melah pesan yan kéto. Lan   *Bagus sekali bila demikian.*
muruk ajak tiang. Ené adan   *Belajarlah sama saya. Ini*
ragané ꦫꦒꦤꦺ.   *nama Anda* ꦫꦒꦤꦺ.
                                        That's good. Learn it together
                                        with me. This is your name
                                        ꦫꦒꦤꦺ.

Vocabulary

A) List of Common Speech (*Lumrah*) Words

Common (*Lumrah*)	Refined (*Alus*)	Indonesian	English
aksara	aksara	*huruf*	alphabet, letter
buka kéné	sakadi puniki	*seperti ini*	like this
dot muruk	meled muruk	*ingin belajar*	to want learning
muruk nulis	muruk nyurat	*belajar menulis*	to learn writing
muruk, ~uruk	muruk, ~uruk	*belajar*	to learn
nulis, ~tulis	nyurat, ~surat	*menulis*	to write

Sentence Construction Pattern

Statements

Pronoun/Noun Phrase	+	**dot**	+	**muruk** + Verb
Tiang		**dot**		**muruk nyurat.**
I		to want		to learn to write

→ I want to learn to write.

Ia	**dot**	**muruk ngigel.**
he/she	to want	to learn to dance

→ He/She wants to learn to dance.

Timpal tiang	**dot**	**muruk ngukir.**
friend I	to want	to learn to carve

→ My friend wants to learn to carve.

Note: *dot* is equivalent to "to want very much."

B) Refined Speech Dialogue

Kocap basa Bali madué aksaran ipun pedidi?	*Katanya bahasa Bali memiliki hurufnya sendiri.* They say that the Balinese has its own script.
Jakti, basa Bali jakti madué aksaran ipun.	*Benar, bahasa Bali memang memiliki haruf.* True, the Balinese language has its own script.
Napi wastan aksara punika?	*Apakah nama huruf itu?* What's the name of the script?
Wastanné Carakan.	*Namanya Carakan.* (The name is) Carakan.

Sakadi napi ké Carakan punika?

Seperti apakah carakan itu?
What's the Carakan script like?

Sakadi puniki:
ᬳᬦᬘᬭᬓᬤᬢᬲ
ha na ca ra ka da ta sa, wa la ᬯᬮᬫᬕᬩᬗᬧᬚᬬᬜ
ma ga ba nga pa ja ya nya

Seperti ini.
ᬳᬦᬘᬭᬓᬤᬢᬲ
ha na ca ra ka da ta sa, wa la
ᬯᬮᬫᬕᬩᬗᬧᬚᬬᬜ
ma ga ba nga pa ja ya nya
Like this.
ᬳᬦᬘᬭᬓᬤᬢᬲ
ha na ca ra ka da ta sa, wa la
ᬯᬮᬫᬕᬩᬗᬧᬚᬬᬜ
ma ga ba nga pa ja ya nya

Déwa Ratu, becik pisan. Tiang jaga muruk nyurat Carakan. Ring dija dados muruk?

Wah, bagus sekali. Saya akan belajar menulis Carakan. Di manakah saya belajar?
Oh, it's fantastic. I want to learn to write the Carakan. Where can I learn it?

Becik pisan wantah sapunika. Ngiring muruk sareng tiang. Niki parab ragané ᬓᬦᬬ.

Bagus sekali bila demikian. Belajarlah sama saya. Ini nama Anda ᬓᬦᬬ.
That's good. Learn it together with me. This is your name ᬓᬦᬬ.

Vocabulary
B) List of Refined Speech (*Alus*) Words

Refined (*Alus*)	Common (*Lumrah*)	Indonesian	English
aksara	aksara	*huruf*	alphabet, letter
meled muruk	dot muruk	*ingin belajar*	to want learning
muruk nyurat	muruk nulis	*belajar menulis*	to learn writing
muruk, ~uruk	muruk, ~uruk	*belajar*	to learn
nyurat, ~surat	nulis, ~tulis	*menulis*	to write
sakadi puniki	buka kéné	*seperti ini*	like this

Sentence Construction Pattern

Statements

Pronoun/Noun Phrase	+	**meled**	+	**muruk** + Verb
Tiang		**meled**		**muruk nyurat.**
I		to want		to learn to write

→ I want to learn to write.

Ipun		**meled**		**muruk ngigel.**
He/She		to want		to learn to dance

→ He/She wants to learn to dance.

Suwitran tiang		**meled**		**muruk ngukir.**
friend I		to want		to learn to carve

→ My friend wants to learn to carve.

Note: **meled** is equivalent to "to want very much."

What animal is that?

A) Common Speech Dialogue

Ada buron liu pesan di punyan kayuné gedé.

Ada banyak sekali binatang di pohon besar.
There're many animals up in the big tree.

Punyan kayu gedé ané encén?

Pohon besar yang manakah?
Which big tree?

Ané ento di sisin tukadé ditu.

Pohon itu yang di pinggir sungai.
That tree by the side of the river.

Ento bojog adanné. Liu pesan, ada ané ngajak panak.

Itu adalah monyet. Banyak sekali, dan ada yang bersama bayi.
Those are monkeys. There's a lot, and some are with babies.

Ento gédé pesan tur ngenah galak.

Itu besar sekali dan tampak buas.
That (one) is very big and looks wild.

Ento bojog muani, mirib ento ratunné.

Itu kera jantan, dan barangkali pemimpinnya.
That monkey is a male one; perhaps he is the leader.

Makejeng jejeh ajak bojogé gedé totonan.

Semuanya takut dengan kera besar itu.
All are afraid of that big monkey.

Saja kéto, makejang mlaib yan   *Benar demikian, semuanya lari*
   bojogé gedé teka. Jro   *bila dia datang. Pak Pecalang,*
   Pecalang, ento ké ratun   *apakah itu pemimpin keranya?*
   bojogé?   That is true; all run away when
      he comes. Mr. Park Ranger, is
      that the leader of the monkeys?

Beneh, ento mula ratunné.   *Benar, itu adalah ratunya.*
      Right, that (one) is the leader.

Vocabulary
A) List of Common Speech (*Lumrah*) Words

Common (*Lumrah*)	Refined (*Alus*)	Indonesian	English
beneh	patut	*benar*	right
buron	buron	*binatang*	animal
galak	galak	*galak*	wild
gedé	ageng	*besar*	big
jejeh	ajerih	*takut*	afraid
mlaib	mlaib	*lari*	to run
mula	jati	*memang*	really
ngenah	kanten	*tampak*	to appear
pecalang	pecalang	*penjaga*	guard, ranger
punya	wit	*pohon*	tree
punyan kayu	wit taru	*pohon kayu*	tree
ratu	ratu	*raja, pemimpin*	king, leader
sisi	sisi	*tepi*	edge
teka	rauh	*datang*	to come
totonan	punika	*itu*	that, those
tukad	tukad	*sungai*	river

Sentence Construction Pattern

Statements

Long Noun Phrases

Long Noun Phrase	+	Verb	+	Place
Punyan kayu gedé ané ditu		**ngenah**		**uli dini**
tree wood big that there		to be seen		from here

→ That big tree over there is visible from here.

Buron alas galak ané ditu		**mlaib**		**uli tukadé.**
animal forest fierce that there		to run		from river the

→ That fierce forest animal over there is running from the river.

Pecalang désa polos ané dini		**majalan**		**uli pura.**
guard village humble that here		to walk		from temple

→ The humble village guard is walking from the temple.

Possibility

mirib	+	Reference	+	Object
Mirib		**ento**		**ratun-né.**
maybe		that		king the

→ Maybe that's the king.

Mirib		**ento**		**panak bojog.**
maybe		that		baby monkey

→ Maybe that's a baby monkey.

Mirib		**ené**		**punyan poh.**
maybe		this		tree mango

→ Maybe this is a mango tree.

B) Refined Speech Dialogue

Wénten buron akéh pisan ring wit taruné ageng.

Ada banyak sekali binatang di pohon besar.
There're many animals up in the big tree.

Wit taru ageng sané encén?

Pohon besar yang manakah?
Which big tree?

Sané punika ring sisin tukadé

Pohon itu yang di pinggir sungai.
That tree by the side of the river.

Punika wenara wastanné. Akéh pisan, wénten sané sareng pianak.

Itu adalah monyet. Banyak sekali, dan ada yang bersama bayi.
Those are monkeys. There's a lot, and some are with babies.

Punika ageng pisan lan kanten galak.

Itu besar sekali dan tampak buas.
That (one) is very big and looks wild.

Punika wenara lanang, minab nika ratunné.

Itu kera jantan, dan barangkali pemimpinnya.
That monkey is a male one; perhaps he is the leader.

Sami ajerih ring wenara ageng punika.

Semuanya takut dengan kera besar itu.
All are afraid of that big monkey.

Patut, sami mlaib wantah wenara ageng nika rauh. Jro Pecalang, napi nika ratun wenarané?	*Benar demikian, semuanya lari bila dia datang. Pak Pecalang, apakah itu pemimpin keranya?* That is true; all run away when he comes. Mr. Park Ranger, is that the leader of the monkeys?
Patut, punika janten ratunné.	*Benar, itu adalah ratunya.* Right, that (one) is the leader.

Vocabulary

B) List of Refined Speech (*Alus*) Words

Refined (*Alus*)	Common (*Lumrah*)	Indonesian	English
ageng	gedé	*besar*	big
ajerih	jejeh	*takut*	afraid
buron	buron	*binatang*	animal
galak	galak	*galak*	wild
jati	mula	*memang*	really
kanten	ngenah	*tampak*	to appear
mlaib	mlaib	*lari*	to run
patut	beneh	*benar*	right
pecalang	pecalang	*penjaga*	guard, ranger
punika	totonan	*itu*	that, those
ratu	ratu	*raja, pemimpin*	king, leader
rauh	teka	*datang*	to come
sisi	sisi	*tepi*	edge
tukad	tukad	*sungai*	river
wit	punya	*pohon*	tree
wit taru	punyan kayu	*pohon kayu*	tree

Sentence Construction Pattern

Statements

Long Noun Phrases

<u>Long Noun Phrase</u>   +   <u>Verb</u>   +   <u>Place</u>
Wit taru ageng sané drika   **kanten**   **saking driki.**
tree   big that   there   to be seen   from here
→ That big tree over there is visible from here.
Buron alas galak sané drika   **mlaib**   **saking tukadé.**
animal forest fierce that there   to run   from   river the
→ That fierce forest animal over there is running from the river.
Pecalang désa polos sané driki   **mamarga**   **saking pura.**
guard village humble that here   to walk   from temple
→ The humble village guard is walking from the temple.

Possibility

<u>minab</u>   +   <u>Reference</u>   +   <u>Object</u>
Minab   **nika**   **ratun-né.**
maybe   that   king the
→ Maybe that's the king.
Minab   **nika**   **pianak wenara.**
maybe   that   baby   monkey
→ Maybe that's a baby monkey.
Minab   **niki**   **wit poh.**
Perhaps   this   tree mango
→ Maybe this is a mango tree.

Appendices

Names of Days

Balinese	Indonesian	English
Redité	*Minggu*	Sunday
Soma	*Senin*	Monday
Anggara	*Selasa*	Tuesday
Buda	*Rebo*	Wednesday
Wrespati	*Kemis*	Thursday
Sukra	*Jumat*	Friday
Saniscara	*Sabtu*	Saturday

Ordinal Numbers

Balinese	Indonesian	English
sa, besik	*satu*	1
dadua, dua	*dua*	2
telu	*tiga*	3
dapat, pat	*empat*	4
lima	*lima*	5
nenem, nem	*enam*	6
pepitu, pitu	*tujuh*	7
kutus	*delapan*	8
sanga, sia	*sembilan*	9
dasa	*sepuluh*	10

Balinese	Indonesian	English
solas	sebelas	11
roras	duabelas	12
telulas	tigabelas	13
patbelas	empatbelas	14
limolas	limabelas	15
nembelas	enambelas	16
pitulas	tujuhbelas	17
plekutus	delapanbelas	18
siangolas	sembilanbelas	19
duangdasa	duapuluh	20
selikur	duapuluh satu	21
dualikur	duapuluh dua	22
telulikur	duapuluh tiga	23
telungdasa	tigapuluh	30
petangdasa	empatpuluh	40
skeet	limapuluh	50
satus	seratus	100
satak	dua ratus	200
telungatus	tiga ratus	300
petangatus	empat ratus	400
samas	lima ratus	500
domas	delapan ratus	800
siu	seribu	1,000
duangtali	dua ribu	2,000
telungtali	tiga ribu	3,000
laksa	seribu	10,000
yuta	sejuta	1,000,000
kalih yuta	dua juta	2,000,000

Greetings

A) Very Formal

This form of greetings is used on formal occasions, such as religious ceremonies, social gatherings or meetings.

Om Swastyastu
Peace be with you/us

B) Formal

Newly coined forms of greetings which have their equivalents in Indonesian or English as *Selamat pagi* or *Good morning*, etc.

rahajeng semeng	good morning
rahajeng soré	good afternoon
rahajeng wengi	good evening

C) Casual or Intimate

This form of greetings is used in more familial type of relations.

Kénkén jani? Seger?	*Bagaimanakah? Sehat?*
	How are you? Healthy?
*Sapunapi mangkin? Kénak?	*Bagaimanakah? Sehat?*
	How are you? Healthy?

The response to the above greetings is as follows.

Tiang seger.	*Saya sehat.*
	I'm well/healthy.
*Titiang becik.	*Saya sehat.*
	I'm well/healthy.

Handy Dictionary

The symbol * is used to indicate the refined (*alus*) form of Balinese, which has an equivalent common (*lumrah*) form (not indicated by a symbol), e.g. *becik versus luung.

   Words considered as generic (not specifically *alus* or *lumrah*) are grouped together, e.g. **angsa** "swan," **aksara** "character, letter," **ampura** "pardon." Though they are considered 'generic', some of them occupy 'special' or 'high' social status in terms of their use in social interactions. Names of days, such as **Soma**, **Anggara**, etc. are taken as generic, too.

   The symbol ~ is used to indicate the dual root forms of verbs in the Balinese language, i.e. non-nasal and nasal initials of the verbs as shown in the examples.

tingal, ~ningal *lihat* to see, to watch
***cingak, ~nyingak** *lihat* to see, to watch
beli, ~meli *beli* to buy
alih, ~ngalih *cari* to search

   Derivations occur when prefixes and suffixes are added to these two types of verbs.

   Basically the non-nasal type is -ized to form imperative sentences, as shown in the examples below.

Beli pohé. *Beli-lah mangganya.* Buy the mangoes.
Beli-ang tiang poh. *Beli-kah saya mangga.* Buy me mangoes.

whereas the nasal type is used to form affirmative sentences:

Tiang lakar meli poh.	*Saya akan membeli mangga.*
	I'll buy mangoes.
Tiang lakar meli-ang ia poh.	*Saya akan membelikan dia mangga.*
	I'll buy him mangoes.

Balinese	Balinese	Indonesian	English

A

a-	a-, besik, *siki	*satu*	one
aa	*inggih, *nggih	*ya*	yes
aba, ~ngaba	*bakta, ~makta	*membawa*	to carry
abesik	*asiki	*satu*	one
*abot	baat	*berat*	heavy
abungkus	abungkus	*sebungkus*	one packet
ada	*wénten	*ada*	available, to exist
adan	*parab, *wasta	*nama*	name
*adem	dingin	*dingin*	cold
adéng	*alon	*pelan*	slow
*ageng	gedé, katong	*besar*	big
ajak	*sareng	*bersama*	with
*ajeng	daar, *tunas	*makan*	to eat
*ajeng	aep, arep	*depan*	front
*ajengan	dedaaran, nasi	*makanan*	cooked rice
*ajerih	jejeh, jerih, takut	*takut*	afraid
aji	*aji, *arga	*harga*	price
aji kuda	aji kuda	*Berapa harga?*	What's the price?
*akéh	liu	*banyak*	many, much
aksara	aksara, tulis	*huruf*	alphabet, letter
alih, ~ngalih	*rereh, *~ngrereh	*cari*	to look for
*alit	cenik, cerik	*kecil, muda*	small, young
*alon	adéng	*perlahan*	slow
*ambil	juang, *tunas	*ambil*	to take
ampura	ampura, *naweg, *tabék	*maaf*	excuse
ané cén	*sané encén	*yang mana*	which one
ané cenik	*sané alit	*yang kecil*	the small one
ané gedé	*sané ageng	*yang besar*	the big one
ané melah	*sané becik	*yang baik*	the good one
anget	anget, baeng	*hangat*	warm
Anggara	Anggara	*Selasa*	Tuesday

BALINESE	BALINESE	INDONESIAN	ENGLISH
angsa	angsa	*angsa*	swan
antos	*jantos	*tunggu*	to wait
apa	*napi	*apa*	what
apa dogén	*napi kémanten	*apa saja*	anything
apang	*mangda	*agar*	so that
apang melah	*mangda becik	*agar baik*	carefully, well
arep	*ajeng	*depan*	front
*asiki	abesik	*satu*	one
*asu	*ajag, cicing	*anjing*	dog
awak	déwek, *raga	*badan*	body
*ayam	siap	*ayam*	chicken

B

baang, ~maang	*icén, *~ngicén	*memberi*	to give
baat	*abot, *berat	*berat*	heavy
baju tebel	*kewaca tebel	*baju tebal*	warm jacket
*bakta, ~makta	aba, ~ngaba	*membawa*	to carry
barak	*abang, *bang	*merah*	red
barang	barang	*barang*	article of sale
bareng	*sareng	*bersama*	together
basa	basa	*bahasa*	language
basa Bali	basa Bali	*bahasa Bali*	Balinese
bé	*mina, *ulam	*ikan*	fish
bé pasih	*ulam segara	*ikan laut*	sea fish
bébék	bébék, kuir	*bebek*	duck
*becik	leh, luung, melah	*bagus*	good
*becik pisan	luung sajan	*bagus sekali*	very good
*becik rasa	jaen	*enak*	tasty
*becikang	melahang, luungang	*berhati-hatilah*	to take care
*becik-becik	melah-melah	*Baik-baiklah, sehat*	Be careful; healthy
bedak	*kasatan	*haus*	thirsty
bedik	*kedik,*kidik	*sedikit*	little, few

Balinese	Balinese	Indonesian	English
béh	badah, béh	*wah*	wow
beli, ~meli	*tumbas, *~numbas	*membeli*	to buy
beling	*beling, *mobot	*hamil*	pregnant
bémo	*bémo	*bemo*	minibus
*bendu	brangti, gedeg, pedih	*marah*	angry
beneh	*patut	*benar*	right
*bénjang	mani	*besok*	tomorrow
besik	*siki	*satu*	one
betén	*sor	*bawah*	under
bikul	*jero ketut	*tikus*	mouse
biu	*pisang	*pisang*	banana
biu gadang	*pisang gadang	*pisang hijau*	Cavendish
boh	boh, tama	*jinak*	tame
bojog	*wenara	*monyet*	monkey
boya-boya	nénten-nénten, tidong-tidong	*yang bukan-bukan*	bad intention
buah	*woh	*buah*	fruit
Buda	Buda	*Rebo*	Wednesday
buin	*malih	*lagi*	again, more
buin akejep	*malih jebos	*lagi sebentar*	in a moment
buka	*sekadi	*seperti*	as, like
buka kéné	*sekadi puniki	*seperti ini*	like this
bungkus	bungkus	*bungkus*	packet
buron	*buron, *sato	*binatang*	animal
buung, ~muung	*urung, ~ngurung	*batal*	to cancel
buyung	*laler	*lalat*	fly

C

cang	*tiang, *titiang	*aku, saya*	I, me
cangak	cangak	*bangau*	heron
capung	capung	*capung*	dragonfly
céléng	*bawi	*babi*	pig

BALINESE	BALINESE	INDONESIAN	ENGLISH
cerik	*alit , cerik	*kecil, muda*	small, young, little
cicing	*asu	*anjing*	dog
cicip	cicip	*mencicipi*	to taste
cupit	cupek, kosek	*sempit*	narrow, small

D

daar	*ajeng	*makan*	to eat
dadi	*dados	*menjadi*	to be, to become
dadi	dados	*bisa, boleh*	be allowed, may
dadi timpal	*dados kanti	*menjadi teman*	befriended
*dados	dadi	*bisa, boleh, menjadi*	be allowed, may
*dados kanti	dadi timpal	*menjadi teman*	befriended
dagang	*pangadol	*penjual*	seller
*dané	*dané, ia, *ipun	*dia*	he, she
danu	danu	*danau*	lake
dasa	dasa	*sepuluh*	ten
dedaaran	*ajengan	*makanan*	food
dedara	dara, *paksi	*merpati*	pigeon
demen	kendel, liang, *seneng, *suka	*senang*	happy
désa	désa	*desa*	village
di	*ring, sid, sig	*di*	at
dija	dija	*di mana*	where
dina	*rahina	*hari*	day
dingeh, ~ningeh	*pireng, ~mireng	*dengar*	to listen
dingehang ningehang	*pirengang	*dengarkan*	to listen
dingin	*adem, dingin	*dingin*	cold
dini	*driki	*di sini*	here
ditu	*drika	*di sana*	there
*doh	*adoh, joh	*jauh*	far
*doh pisan	joh sajan	*jauh sekali*	very far

BALINESE	BALINESE	INDONESIAN	ENGLISH
*dompét	dompét	*dompet*	wallet
dot	kéngin, *meled	*berkeinginan*	to want
dot muruk	*meled muruk	*ingin belajar*	to want learning
*drika	ditu	*di sana*	there
*driki	dini	*di sini*	here
dua	*dwi, *kalih	*dua*	two
duang dasa	*kalih dasa	*duapuluh*	twenty
duang tali	*kalih tali	*duaribu*	two thousand
*dué	*druwé, gelah	*milik*	possession
*dumun	dia musa, mula, maluan	*awal, mula*	beginning, origin

E, É

*ébuh	bacol, mokoh	*gemuk*	fat
eda	*sampunang	*jangan*	don't
ené	*niki	*ini*	this, these
énggal	*gelis	*cepat*	quick
ento	*nika, *punika	*itu*	that, those
enu	*kantun	*masih*	still
enu paling	*kantun paling	*masih bingung*	still confused

G

gadang	gadang	*hijau*	green
gajah	gajah	*gajah*	elephant
galak	galak	*buas*	wild
gedé	*ageng, *agung	*besar*	big
gelah	druwé, *dué	*milik*	possession
*gelis	énggal, gison	*cepat*	quick
*genah	tongos	*tempat*	place
*genah malanjaran	tongos maroko	*kawasan perokok*	smoking area smoking
goba	*rupa, *semita, semu	*rupa*	appearance
goréng, ~ngoréng	goréng	*goreng*	to fry
guak	gagak	*gagak*	raven

Balinese	Balinese	Indonesian	English
gumi	*jagat, kuub, pajagatan	*dunia*	country, world
gunung	*giri, gunung	*gunung*	mountain
guru	guru, *nabé, panguruk	*guru*	teacher

I

ia	*dané, *ida, *ipun	*dia*	he, she
ibi	ibi	*kemarin*	yesterday
*ical, ~ngical	ilang, ~ngilang	*hilang*	to lose
icang	*tiang, *titiang	*aku, saya*	I, me
*icén, ~ngicén	baang, ~maang	*memberi*	to give
ikuh	ikuh	*ekor*	tail
ilang, ~ngilang	*ical, ~ngical	*hilang*	to lose
*imang	inguh, paling	*bingung*	be confused
*indayang	tegarang	*coba*	to try
*inggih	aa, nah	*ya*	yes
inguh	*imang	*bingung*	be confused
inuman	inuman	*minuman*	drink
*ipun	*dané, ia	*dia*	he, she
iying	iying, ringan	*ringan*	light

J

jaen	*becik rasa, jaen	*enak*	tasty
*jaga	*jagi, lakar	*akan*	shall, will
*jagat	gumi, kuub, *pajapatan	*dunia*	country, world
*jagi	*jaga, lakar	*akan*	shall, will
jaja	*sanganan	*kue*	cake
*jakti	jati, sajan, seken	*sungguh*	really
jalan	ambah, *margi	*jalan*	road
*jangan	jukut	*sayur*	vegetables
jani	*mangkin	*sekarang*	now

BALINESE	BALINESE	INDONESIAN	ENGLISH
*janten	sajan, seken	*sungguh*	really
*jantos	anti, antos, ndén	*tunggu*	to wait
jaran	*kuda	*kuda*	horse
jatah	saté	*sate*	grilled meat
*jati	mula, seken	*memang*	really
*jebos	jahan, kejep	*sebentar*	short time
jejeh	*ajerih, jerih, nyen	*takut*	afraid
*jero	cai, *ragané	*Anda*	you
*jero	*geria, jero, *puri, umah	*rumah*	house
*jimbar	linggah	*luas*	large
joh	*doh, *edoh, ejoh	*jauh*	far
joh sajan	*doh pisan	*jauh sekali*	very far
juang	*ambil, *pamitang, *tunas	*ambil*	to take
jukut	*jangan	*sayur*	vegetables

K

ka	ka	*ke*	to
kacang	kacang	*kacang*	peanut
kakia	kakia	*hiu*	shark
kali kénkén	*kali napi	*kapan*	when
*kali napi	kali kénkén	*kapan*	when
*kalih	dua, *dwi	*dua*	two
*kalih dasa	duang dasa	*duapuluh*	twenty
*kalih tali	duang tali	*duaribu*	two thousand
*kanten, ~nganten	ngenah, ~enah	*tampak, terlihat*	to appear, to look
*kanti	roang, timpal	*teman*	friend
*kantun	enu, *kari, nu	*masih*	still
*kantun paling	enu paling	*masih bingung*	still confused
*kasatan	bedak	*haus*	thirsty

BALINESE	BALINESE	INDONESIAN	ENGLISH
kasép	kasép	*terlambat*	late
katak	katak	*kodok*	frog
kebo	kebo	*kerbau*	buffalo
kebus	kebus	*panas*	hot, feverish
kedis	*paksi	*burung*	bird
kejep	*abosbos, *jebos	*sebentar*	short time
kélangan	kélangan	*kehilangan*	to lose
kemu	*mrika	*ke sana*	to go there
*kénak	seger	*sehat*	healthy
keneh	*pamineh	*pikiran*	idea
kenehanga	*pinehanga	*dipikirkan*	to think
kenehin	*pinehin	*pikirkan*	to think
kénkén	*sapunapi	*bagaimana*	how
kenyel	*kaleson, *lesu, luyu	*payah*	be tired
*kewaca tebel	baju tebel	*baju tebal*	warm jacket
kiap	*arip	*mengantuk*	sleepy
*kidik	bedik	*sedikit*	little, few
kija	kija	*ke mana*	where
krana	*santukan	*karena*	because
kucit	kucit	*anak babi*	piglet
kuda	kuda	*berapa*	how many, how much
kuning	gading	*kuning*	yellow
kupu-kupu	kupu-kupu	*kupu-kupu*	butterfly
kutu	kutu	*kutu*	louse

L

BALINESE	BALINESE	INDONESIAN	ENGLISH
lablab	lablab	*menggodok*	to boil
lakar	*jaga, *jagi	*akan*	shall, will
*laler	buyung	*lalat*	fly
lamun	*wantah, yan, yén, yéning	*bila*	if
lamun kéto	*wantah sapunika	*bila demikian*	if so

BALINESE	BALINESE	INDONESIAN	ENGLISH
lan	*magih, ngiring	*ayo*	let's
lan kemu	*ngiring mrika	*ayo ke sana*	let's go there
lantang	*panjang	*panjang*	long
lantas	lantur, *raris	*lantas*	then
lautang	lanturang, lautang, *rarisang	*silahkan*	please
lautang daar	*rarisang ajeng	*silahkan makan*	please eat (it)
lelawah	belawah	*kelelawar*	bat
lelintah	lelintah	*lintah*	leech
lelipi	lipi, *ula	*ular*	snake
lén	*lian	*lain*	different, other
*lian	lén	*lain*	different, other
lindung	lindung	*belut*	eel
linggah	*agéng, gedé, *jimbar	*luas*	large
liu	*akéh, bek, ombéh	*banyak*	many, much
lua	*istri, luh	*betina*	female
luas	*lunga	*bepergian*	to travel
luh	*istri, lua	*betina*	female
lunga	luas	*bepergian*	to travel
luung	*becik, leh, luung, melah	*bagus*	good
luung sajan	*becik pisan	*bagus sekali*	very good

M

macan	*samong	*harimau*	tiger
*madué	ngelah	*mempunyai*	to possess
*madué karya	ngelah gaé	*memiliki pekerjaan*	to have a job
mael	mael	*mahal*	expensive
maelan	maelan	*lebih mahal*	more expensive
magaé	magarapan, *makarya	*bekerja*	to work

BALINESE	BALINESE	INDONESIAN	ENGLISH
magenepan	magenepan, méndahan	*segala*	all kinds
majalan	*mamargi	*berjalan*	to walk
*makanti	maroang, matimpal	*berteman*	to maintain friendship
*makarya	magaé, magarapan	*bekerja*	to work
*makta, *~bakta	ngaba, ~aba	*membawa*	to carry
*malanjaran	maroko	*merokok*	to smoke
*malelan-caran	melali-lali	*tamasya*	to sightsee
*malih	buin	*lagi*	again, more
*malih jebos	buin akejep	*lagi sebentar*	in a moment
*malinggih	negak, ~tegak	*duduk*	to sit
malu	dia masa, *dumun	*awal, mula*	beginning, origin
*mamargi	majalan	*berjalan*	to walk
*mangda	apang, apanga	*agar*	so that
*mangda becik	apang melah	*agar baik*	carefully, well
*mangkin	jani	*sekarang*	now
*mangkin dumun	ndén malu	*tunggu*	to wait
mani	*bénjang	*besok*	tomorrow
manjangan	manjangan, mayung	*rusa*	deer
mapan	krana, *santukan	*karena*	because
mara	*wawu	*baru saja*	just now
mara teka	*wawu rauh	*baru tiba*	to have just arrived
*margi	ambah, jalan, marga, rurung	*jalan*	road
maroko	*malanjaran	*merokok*	to smoke
masih	masi, *naler, *taler	*juga*	also
*masolah	ngigel	*menari*	to dance

BALINESE	BALINESE	INDONESIAN	ENGLISH
*matakén	matakon	*bertanya*	to ask
matakon	*matakén	*bertanya*	to ask
matimpal	*makanti, maroang	*berteman*	to maintain friendship
*medal	pesu	*keluar*	to go out
mekejang	*sami, sinamian	*semua*	all
mekelo	*lami, *sué	*lama*	long time
melah	*becik, leh, luung	*bagus, baik*	good, well
melah pesan	*becik pisan	*bagus sekali*	very good
melahang	*becikang	*berhati-hatilah*	to take care
melah-melah	*becik-becik	*baik-baik*	careful
melali-lali	*malelan-caran	*tamasya*	to sightsee
*meled	dot, *kéngin	*berkeinginan*	to want
*meled muruk	dot muruk	*ingin belajar*	to want learning
meli	nendak, *numbas	*membeli*	to buy
*meneng	nengil, nongos	*tinggal*	to stay, to live
méong	méong	*kucing*	cat
milu	barang, *sareng	*ikut*	to join
*minab	mirib, miriban	*barangkali*	maybe, perhaps
mirib	*minab, mirikan	*barangkali*	maybe, perhaps
mlaib	mlaib	*lari*	to run
mokoh	bacol, *ébuh	*gemuk*	fat
*mrika	kema, kemu	*ke sana*	to go there
*mriki	mai	*ke sini*	to come here
muani	*lanang, muani, *purusa	*jantan*	male
mudah	*murah	*murah*	cheap
mudahan	*murahan	*lebih murah*	cheaper
mula	*jati, saja, seken	*memang*	really
*murah	mudah	*murah*	cheap

BALINESE	BALINESE	INDONESIAN	ENGLISH
*murahan	mudahan	*lebih murah*	cheaper
muruk, ~uruk	muruk, ~uruk	*belajar*	to learn, to study
muruk nulis	muruk nyurat	*belajar menulis*	to learn writing
muruk nyurat	muruk nulis	*belajar menulis*	to learn writing

N

nah	*inggih, *nggih	*ya, harap*	yes, please
*nampek	cadek, paek	*dekat*	near
nanging	kéwala, *sakéwanten	*tetapi*	but
*napi	apa	*apa*	what
*napi kémanten	apa dogén	*apa saja*	anything
nasi	*ajengan	*nasi*	cooked rice
nawang	*uning	*tahu*	to know
ndén	anti, antos, *jantos	*tunggu*	to wait
ndén malu	*mangkin dumun	*tunggu*	to wait
negak, ~tegak	*malinggih	*duduk*	to sit
néh	*raris	*silahkan*	please
nenem	nenem, *sad	*enam*	six
*nénten	biana, boya, sing, tidong, tusing	*bukan, tidak*	no, not
*nénten sapunapi	sing kénkén	*tidak apa-apa*	no worries
ngaba, ~aba	*makta, ~bakta	*membawa*	to carry
ngadep, ~adep	*ngadol, ~adol	*menjual*	to sell
*ngadol, ~adol	ngadep, ~adep	*menjual*	to sell
*nganggé, ~anggé	nganggo, ~anggo	*menggunakan*	to use
nganggo, ~anggo	*nganggé, ~anggé	*menggunakan*	to use
nganginang	ngainang	*ke arah timur*	to the east (direction)

BALINESE	BALINESE	INDONESIAN	ENGLISH
nganti	*nyantos	*hingga*	until
ngelah	*maderbé, *madué	*mempunyai*	to possess
ngelah gaé	*madué karya	*memiliki pekerjaan*	to have a job
ngelangi	ngelangi	*berenang*	to swim
ngenah	*kanten	*tampak*	to appear
ngenah, ~enah	*kanten, ~nganten	*terlihat*	to look
ngetnget	ngetnget	*ngengat*	moth
ngetor, ~etor	ngetor, ~etor	*menggigil*	to shiver
*nggih	aa, nah	*ya*	yes
ngigel	*masolah	*menari*	to dance
*ngiring	lan, *magih	*ayo*	let's
*ngiring mrika	lan kemu	*ayo ke sana*	let's go there
ngudiang	*sapunapi	*mengapa*	why
*nika	ento, to	*itu*	that, those
*niki	ené, né	*ini*	this, these
ningal, ~tingal	*nyingak, ~cingak	*memperhatikan*	to watch
ningal-ningalin	*nyingak-nyingakin	*memperhatikan*	to watch
nongos	*jenek, *meneng	*tinggal*	to stay, to live
nulis, ~tulis	*nyurat, ~surat	*menulis*	to write
*numbas, ~tumbas	meli, nendak	*membeli*	to buy
nyanan	*pungkuran	*kemudian*	later
nyén	*sira	*siapa*	who
nyén nawang	*sira uning	*siapa tahu*	who knows
*nyingak, ~cingak	ningal, ~tingal	*memperhatikan*	to watch
*nyingak-nyingakin	ningal-ningalin	*memperhatikan*	to watch
*nyurat, ~surat	nulis, ~tulis	*menulis*	to write

BALINESE	BALINESE	INDONESIAN	ENGLISH

O

orta	orti	*berita*	news
*orti	orta	*berita*	news

P

paek	*tampek	*dekat*	near
*pamineh	keneh	*pikiran*	idea
panes	panes	*panas*	hot
*pangadol	dagang, pangadep	*penjual*	seller
*panjang	lantang	*panjang*	long
*parab	adan, *wasta	*nama*	name
*pasar	peken, tenten	*pasar*	market
pasih	pasisi, *segara	*laut*	sea
*patut	beneh	*benar*	right
pecalang	pecalang	*penjaga*	guard, ranger
pedidi	*peragan	*sendiri*	alone
pedih	*bendu, gedeg	*marah*	angry
peken	*pasar, tenten	*pasar*	market
penyu	empas, penyu	*penyu*	turtle
pepitu	pepitu, *sapta	*tujuh*	seven
*peragan	néwék, *nagaraga, pedidi	*sendiri*	alone
pesu	*medal	*keluar*	to go out
pidan	*sané, pidan	*kapan*	when
pidan	dia musa, *dumun	*dahulu*	in the past
*pinehanga	kenehanga	*dipikirkan*	to think
*pinehin *minehin	kenehin	*pikirkan*	to think
*pireng, ~mireng	dingeh, ~ningeh	*dengar*	to listen
*pirengang	dingehang	*dengarkan*	to listen
*pisang	biu	*pisang*	banana

BALINESE	BALINESE	INDONESIAN	ENGLISH
*pisang gadang	biu gadang	*pisang hijau*	banana (of the Cavendish kind)
poh	poh	*mangga*	mango
poh manalagi	poh manalagi	*mangga manalagi*	Manalagi mango
polos	*darma	*baik budi*	kind
*pungkuran	nyanan	*kemudian*	later
*punika	ento, to, totonan	*itu*	that, those
punya	*wit	*pohon*	tree
punyan kayu	*wit taru	*pohon kayu*	tree
pura	*pelinggih	*tempat suci*	temple
putih	*petak	*putih*	white

R

*raga	awak	*badan*	body
*rahayu	*rahajeng, selamet	*selamat*	safe
*rahina	dina, wai	*hari*	day
ramé	ramé	*ramai*	crowded
*raris	tebeng	*lantas*	then
*rarisang	lautang	*silahkan*	please
*rarisang ajeng	lautang daar	*silahkan makan*	please eat (it)
rasa	rasa	*rasa*	taste
*ratu	pamucuk, *ratu	*raja, pemimpin*	king, leader
*rauh	teka	*datang*	to come
Redité	Redité	*Minggu*	Sunday
*rereh, ~ngrereh	alih, ~ngalih	*cari*	to look for
ring	di, sig	*di*	at, in
*rupa	goba, *semita, semu	*rupa*	appearance

BALINESE	BALINESE	INDONESIAN	ENGLISH
S			
*sadurung	setondén	*sebelum*	before
sajan	*jakti, jati, *janten, seken	*sungguh*	really
*sajeng	tuak	*tuak*	palm wine
*sakadi puniki	buka kéné	*seperti ini*	like this
*sakéwanten	nanging	*tetapi*	but
*saking	uli	*dari*	from
*saking pidan	uli pidan	*sejak kapan*	since when
*sami	mekejang, *samtan	*semua*	all
sampi	*banténg, *lembu	*sapi*	cow
*sampun	suba	*sudah*	already
*sampunang	da, eda	*jangan*	don't
*sané ageng	ané gedé	*yang besar*	the big one
*sané alit	ané cenik	*yang kecil*	the small one
*sané becik	ané melah	*yang baik*	the good one
*sané encén	ané cén	*yang mana*	which one
Saniscara	Saniscara	*Sabtu*	Saturday
*santukan	krana, mapan, ulian	*karena*	because
*sapunapi	ngudiang	*mengapa*	why
*sareng	ajak	*dengan*	with
*sareng	bareng	*bersama*	together
*sareng	milu	*ikut*	to join
saté	*jatah	*sate*	grilled meat
sebet	*sungsut	*bersedih*	sad
*segara	pasih, pasis	*laut*	sea
seger	*kénak, rahayu	*sehat*	healthy
*sekadi	buka, cara	*seperti*	as, like
*sekadi puniki	buka kéné	*seperti ini*	like this
seken	*jati, saja	*sungguh*	really
selamet	*rahajeng, *rahayu	*selamat*	safe

BALINESE	BALINESE	INDONESIAN	ENGLISH
selem	bedeng, *cemeng, *ireng	*hitam*	black
semut	bekis, semut	*semut*	ant
semut api	semut api	*semut api*	red ant
*seneng	demen, kendel, liang	*senang*	happy
sepéda motor	*suka, sepéda motor	*sepeda motor*	motorcycle
*sesampuné	sesubané	*sesudah*	after
sesapi	sesapi	*sriti*	swallow (*n*)
sesubané	*sesampuné	*sesudah*	after
setondén	*sadurung	*sebelum*	before
siap	*ayam	*ayam*	chicken
sig	*ring	*di*	at, in
sikep	bulusan, kukugan, sikep	*elang*	hawk
*siki	besik, *éka	*satu*	one
sing	*nénten, *ten	*tidak*	no, not
sing kénkén	*nénten sapunapi	*tidak apa-apa*	no worries
singa	singa	*singa*	lion
*sira	nyén	*siapa*	who
*sira uning	nyén nawang	*siapa tahu*	who knows
sisi	sisi	*tepi*	edge
*sor	betén	*bawah*	under
suba	*sampun	*sudah*	already
*sué	mekelo	*lama*	long time
Sukra	Sukra	*Jumat*	Friday
*suksma	legaang, *senengang	*terima kasih*	thank you
*sungsut	*kingking, sebet, sedih	*bersedih*	sad
*suwitra	kanti, roang, timpal	*teman*	friend

BALINESE	BALINESE	INDONESIAN	ENGLISH
T			
*taler	masih	juga	also
*tampek	paek, *parek	dekat	near
tawang	*uning	tahu	to know
tebel	tebel	tebal	thick
tegarang	*indayang	coba	to try
teka	*mijil, *rauh	tiba	to arrive
temuati	temuati	cacing tanah	earth worm
*ten	*nénten, sing, tusing	tidak	no
tetani	tetani	rayap	termite
*tiang	cang, icang, *titiang	aku, saya	I, me
tidong	boya, *nénten	bukan	no, not
tidong-tidong	boya-boya	yang bukan-bukan	bad intention
timpal	*kanti, roang, *suwitra	teman	friend
*titiang	cang, icang	aku, saya	I, me
to	ento, *nika, *punika, totonan	itu	that, those
tongos	*genah	tempat, rumah	place, house
tongos maroko	*genah malanjaran	kawasan perokok	smoking area
totonan	*punika	itu	that, those
*toya	yéh	air	water
tuak	*sajeng	tuak	palm wine
tukad	tukad	sungai	river
*tumbas, ~numbas	beli, ~meli	membeli	to buy
tunian	mara, *wawu	barusan	just now
tusing	*nénten, *ten	tidak	no, not
U			
ukir, ~ngukir	ukir	mengukir	to carve

BALINESE	BALINESE	INDONESIAN	ENGLISH
*ulam segara	bé pasih	*ikan laut*	sea fish
uli	*saking	*dari*	from
uli pidan	*saking pidan	*sejak kapan*	since when
ulian	*santukan	*karena*	because
umah	*genah, *geria, *jero	*rumah*	house
*uning	nawang, tawang	*tahu*	to know
*urung, ~ngurung	buung, ~muung	*batal*	to cancel

W

wai	dina, rahina	*hari*	day
*wantah	lamun, yan, yén, yéning	*bila*	if
*wantah sapunika	lamun kéto	*bila demikian*	if so
warung	penggak, warung	*warung*	shop, stall
wasta	adan	*nama*	name
*wawu	mara, tunian	*baru saja*	just now
*wawu rauh	mara teka	*baru tiba*	to have just arrived
*wénten	ada, *hana	*ada*	available, to exist
*wit	punya, *tara	*pohon, taman*	plant, tree
*wit taru	punyan kayu	*pohon kayu*	tree
*woh	buah, *pala	buah	fruit
Wrespati	Wrespati	*Kemis*	Thursday

Y

yan	*wantah, yén, yéning	*andai, bila*	if
yéh	*toya	*air*	water
yéning	*wantah, yén, yéning	*andai, bila*	if